17世紀半ばまでの北アメリカ植民状況

○途中で放棄したり，他国に奪取されたのも多い

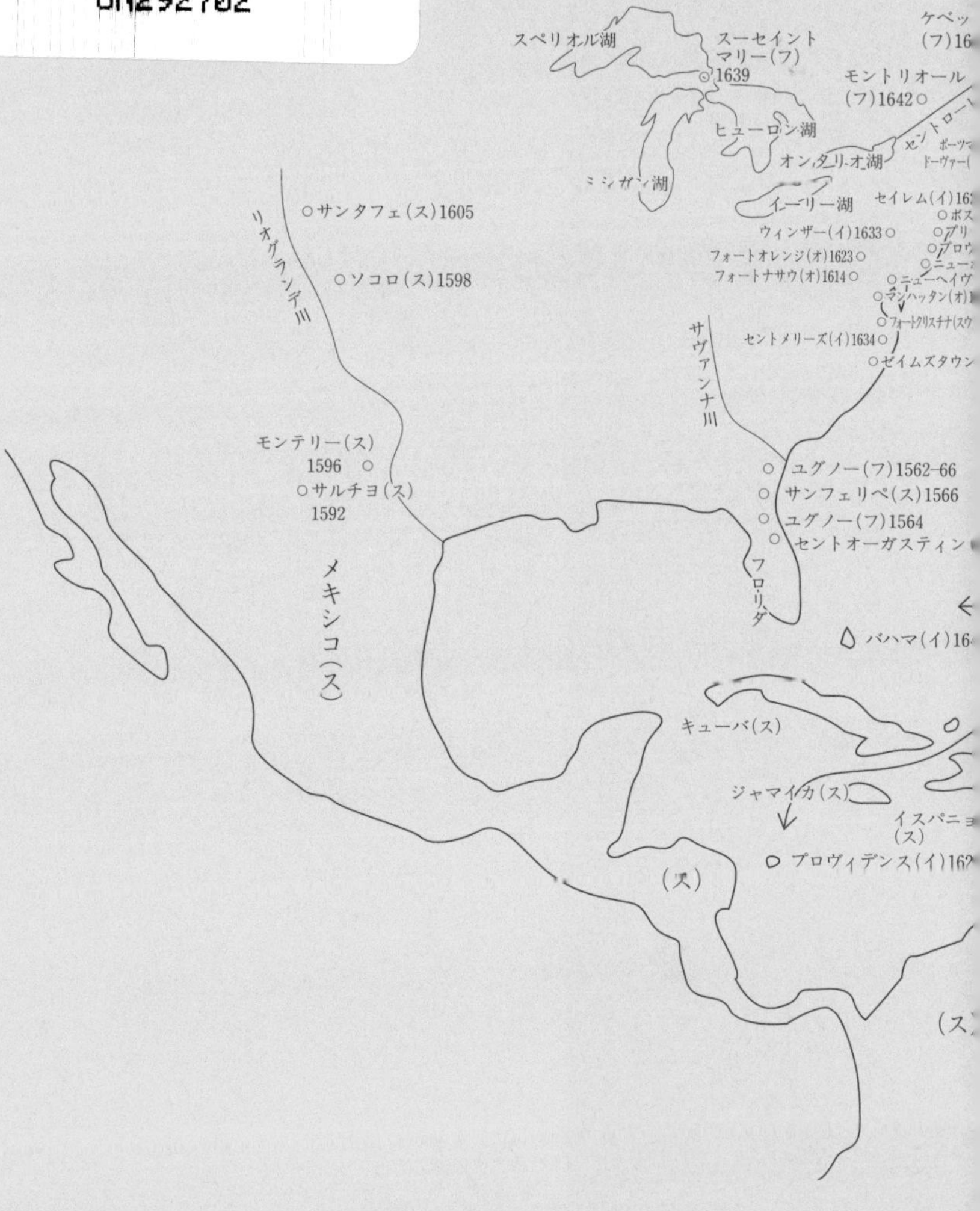

ピューリタン神権政治

――初期のアメリカ植民地の実像――

山本周二 著

九州大学出版会

緒　言

北アメリカ大陸にイギリス人が植民を始めたのは十七世紀初頭のことであった。植民地は成長し、実力を付け、独立を果たし、アメリカ合衆国となった。

本書は、アメリカ合衆国の原点とも言うべき、初期のニューイングランド植民の事情を検証しようとするものである。一般に、植民の動機や植民地の運営について、ピューリタニズムやカルヴィニズムのような宗教的な用語を通して説明することが行われているが、そのような表相的、概念的な考察ではなく、個々の事実に焦点を当てて、当時の植民地の生の姿を浮き彫りにしようというのである。もちろん、事実とされていることがすべて真実であるとは限らない。記録を残した人の偏見や思い込みがあるからである。当時の常識は現代のそれとは異なる。[1]しかし、こういう事実があったと記録されていること自体が、当時の状況を生々しく物語っているのである。

本書を書くに当たって、ウィリアム・ブラッドフォードの『プリマスプランテーションの歴史』William Bradford : *History of Plymouth Plantation*[2]とジョン・ウィンスロップの『ジャーナル』John Winthrop : *Journal*[3]を基本資料とした。その上で、当時のその他の記録、さらに歴史、地誌、宗教やエンサイクロペディアの類を幅広く参照した。事実は学説ではないので、興味あると思われる数点を本文の中で紹介したほか、いちいち出典は挙げない[4]。

本書を読む上で、前もって知っておいた方がよいと思われる用語等を次に掲げた。

見返しの地図は、筆者が、本書に出て来る地名を、原典から拾って作製したものである。

プリマスヴァージニア会社 Virginia Company of Plymouth　一六〇六年、ゼイムズ一世のチャーターにより、プリマス（イングランド）の商人らを中心に設立されたアメリカ北東部の植民会社。結局は失敗した。

ドーチェスターアドヴェンチャラー会社 Dorchester Company of Adventurers　一六二三年、ケープアンに漁業、農業の基地を作ろうとしたが失敗。のちにマサチューセッツ湾会社に吸収された。

アドヴェンチャラー adventurer　冒険を覚悟で、漁業や植民に投資した商人等。

ニューイングランド協議会 Council for New England　一六二〇年、プリマスヴァージニア会社を引き継いで設立された植民会社。ファーディナンド・ゴージス卿が主要株主で、王のチャーターのもとニューイングランド植民を支援。

マサチューセッツ湾会社 Massachusetts Bay Company　一六二八年、ニューイングランド協議会からメリマック川とチャールス川の間の地域への植民のパテントを受け、一六二九年、王のチャーターにより高度の自治権が与えられた。
パテント patent　植民の認許状。植民会社が発給するもの、王のチャーター charter によるものなど様々で、混乱することもあった。パテントとチャーターの用語は、しばしば同義で用いられた。土地の給付をグラント grant と言った。
ゼネラルコート general court　マサチューセッツ湾会社の株主総会とも言うべき会議。植民地の立法、司法、行政の三権を握り、強い権限を持った。フリーマンがそのメンバー。
フリーマン freeman　自費で植民に参加した会社の株主とも言うべき人たち。ゼネラルコートで選挙権を行使し、司政官を選んだ。非行により、フリーマンの資格が剝奪されることもあった。植民者の大多数は、フリーマンに従属したノンフリーマン nonfreeman であった。
ガヴァナー governor　植民地の長。副ガヴァナー deputy governor。場末の数十人、数百人の小さな植民地の長もガヴァナーと呼ぶことがあった。
ゼネラルガヴァナー general governor　総ガヴァナー。全植民地を統轄するイングランド本国の王または議会任命の司政官。掛け声だけで、実績はなかった。
アシスタント assistant　政治の執行官。マサチューセッツ湾の場合、十八人と定められていたが、未着任の者や出て行った者などがいて一定しなかった。ゼネラルコートで選挙され、ガヴァナー、副ガヴァナーもその中から選んだ。
司政官 magistrate　ガヴァナー、副ガヴァナー、アシスタントの政府役員。

代議員 deputy　各タウンから二人ないし三人を代表者として出した。司政官の政治をチェックし、次第に発言力を増した。

コート court　会議。ゼネラルコートを含め、司政官会議 court of assistants のように、政府の会議をコートと呼んだ。

長老 ruling elder　教会が選んだ教会の有力者。牧師らと共に、しばしば政府の意志決定に参画した。

アンティノミアン騒動 antinomian controversy　アン・ハッチンソンを中心とする信仰偏重主義派をアンティノミアンと呼んだ。政府や教会の権威に反抗したとして弾圧された。ファミリスト familist（愛の家族派）、シーカー seeker（求正派）、アナバプティスト anabaptist（再洗礼派）も、その延長線上にあると見られた。

ニューイングランド植民地連合 The United Colonies of New England　一六四三年、マサチューセッツ湾、プリマス、コネチカット、ニューヘイヴンが結成した植民地連合体。The Confederation of Colonies とも言う。

セイント saint　プリマスプランテーション植民に、宗教的動機で参加したとされる人をいう。オランダ・ライデンで十数年間過ごした後渡来したセパラティストが中心。

ストレインジャー stranger　プリマスプランテーションの植民に、イングランドでの募集に応じて参加した人。経済難民の色彩が強かった。

ワンパム wampum　ワンパンピーグ wampumpeag とも言う。現地のインディアンが使っていた貝殻を刳り貫いて作った貨幣。紐に通し、その長さ（尋《ひろ》 fathom＝約一・八メートル）で値を決めた。

目次

第一章　ニューイングランド植民地の誕生

――アメリカ合衆国の原型はこうして作られた

一　アメリカ合衆国の暗くて明るい曙

現在のアメリカ合衆国が、イングランドを母として生まれることになったのは、実に偶然のなせる業であった。

一四九二年、コロンブスにより、新大陸の存在がヨーロッパに伝えられると、コロンブスの航海がスペイン王朝の支援の下で行われたことから、当然のことのように、スペイン人による進出が始まった。

一四九三年、ローマ法王は、アゾレス諸島（ポルトガルの西、大西洋沖）の西方百リーグ（一リーグは約五キロメートル）の経線より西側の、すべての異教徒の土地は、スペインに与えるとする宣言を発した。ところが、スペインよりむしろ早くから海外に目を向けていたポルトガルは、これを不満として変更を迫り、一四九四年、ヴェルデ岬諸島（アフリカ・セネガルの西、大西洋沖）より西三百七十リーグの経線を境界線とし、これより西をスペイン、東をポルトガルの所有分とすることで一致、一五〇六年、法王の同意の下、両国は条約を結んだ。

これによると、東側のポルトガル分と、西側のスペイン分の接合する線は、日本の中国、四国を通っていた。これにより、ポルトガルが、アフリカ、インド、中国へと足を伸ばし、日本へも宣教師を送りつける理由となった。また、ポルトガル分に南アメリカ大陸のブラジルの大部分が入っていたことから、ブラジルがポルトガル領となる根拠となった。

こうして、アメリカ大陸に対するスペインの優位が確立した。カリブ海諸島、南アメリカ大陸北部および太平洋岸には、スペインが国家として軍隊を派遣し、次々に占領した。

北アメリカ大陸へのスペインの侵入も、時を移さず行われた。メキシコは、一五一九年、コルテス軍の進攻により、アズテック王朝は壊滅、スペインの支配に入った。フロリダにはセントオーガスティーン（一五六五）、ニューメキシコにはソコロ（一五九八）、サンタフェ（一六〇九）などの入植地が作られた。スペイン人の勢力は、これに続いて、現在のカリフォルニア、アリゾナ、ニューメキシコからフロリダに至る、のちのアメリカ合衆国の南部一帯に浸透して行った。

しかし、スペインの優位がいつまでも続いたわけではない。一五八一年、オランダはスペインの支配から独立した。一五八八年、イングランドはスペインの無敵艦隊を撃滅、海上におけるスペインの支配力が弱まった。

一五六二年、フランスのプロテスタント・ユグノー派の植民地を作る計画が起こり、フロリダ東北部に数度入植を試みたが、スペイン人の反抗により成果を挙げなかった。フランス人は、現在のカナダのセントローレンス川沿岸に、ケベック（一六〇八）、モントリオール（一六四二）へ入植、オンタリオ湖周辺まで進出した。

オランダは、一六一三年頃から、ハドソン川流域に植民を始め、ニューネザランドを作った。マンハッタン島は、一六二四年、インディアンから八ポンドの装身具を代価として手に入れたという。一六六四年、イギリス人に占領されてニューヨークとなるまで、ニューアムステルダムと呼んだ。

その他、スウェーデン、フィンランドによる入植の試みもあった。

このような中で、イングランドがこの地域における主導権を握り、その言語、宗教を基盤に、アメリカ合衆国を生み出すことになったのは、どういう経緯によるものであったろうか。あとで述べるように、一六二〇年代までの、北アメリカ大陸におけるイギリス人の植民地は、実にささやかで、将来一国を形成する基礎となるようなものではなかった。

十六世紀初頭に始まった宗教改革は、ヨーロッパ各国に混乱をもたらし、どの国でも、大なり小なり対立、抗争を生じた。しかし、宗教改革の混乱の時期に、イングランドほど多くの人を新大陸に送り出した国は他にはなかった。

アメリカにおけるイギリス人植民地の流れを見るには、イングランド本国の事情を知る必要がある。とくに、王室の動向に、植民者らは敏感に反応した。

一四八五年、ばら戦争が終わり、チューダー王朝が成立、ヘンリー七世が王となり、イングランドの絶対王制の基礎を築いたが、一方、第一次囲い込み運動により、農民に不安を与えた。

ヘンリー七世の後を継いで、一五〇九年王位に就いたヘンリー八世は、熱心なカトリック教徒で、ローマ法王から信仰の擁護者の称号を受けるほどであったが、妃キャサリンを退け、その侍女アン・ブーリンを王妃にするというような行状により、ローマ法王と対立、ローマカトリックを離脱した。一五三四年、首長令を発して、自らを首長とするイングランド国教会へと移行した。ルターが、一五一七年、宗教改革の口火を切ってから、十七年後のことであった。

ヘンリー八世は、妃を六人も取り替え、側近でも気に入らない者は処刑するなど、専横な振る舞いがあった。彼は修道院を解散し、その財産を没収したが、ジョン・ウィンスロップの祖父は、その土地の払い下げを受けて荘園とし、領主となっている。一方、囲い込みが進み、これに反対する暴動が起こった。

一五四七年、九歳で王位に就いたエドワード六世は、プロテスタントで、彼の時代に、イングランド国教会の典礼書の基礎となった祈禱書が、カンタベリー大主教クランマーを中心に制定された。カトリックからの離脱は進めたが、その教会制度や礼拝形式を温存した。

一五五三年、カトリック教徒のメリー一世が即位、同じくカトリックのスペイン王子フェリペと結婚、イングランドのカトリックへの復帰を宣言した。プロテスタントの方向へ向かっていた民衆の間には反発も多く、三百人に及ぶ反対分子が処刑された。エドワード六世の下で宗教改革を進めたクランマーは、異端者として火焙りの刑に処せられた。彼女は、その残忍さによって、「血まみれのメリー」と呼ばれている。

メリー一世の後を継いだエリザベス一世は、即位の翌年の一五五九年、ヘンリー八世が出した首長令を再発布、エドワード六世の時のイングランド国教会の礼拝と祈禱を統一する法令に倣った統一令を出した。国王が教会の頂点に立つ形式が復活した。一五六三年には、イングランド国教会の信仰個条を定めた三十九個条が制定され、一五七一年の議会で承認された。

この頃、スコットランドでは、カルヴィンが唱えた聖書解釈や教会制度を採り入れたプレスビテリアン（長老派）が国教となった。

一五八七年、イングランド王室の王位継承権を持ったメリー・スチュアートが、エリザベスに対して反逆を企てたとして処刑された。メリーはカトリックであったので、ヨーロッパ大陸のカトリック教諸国の反感を買ったという。

エリザベス一世の治世で、特筆すべき出来事は、一五八八年、スペインの無敵艦隊を撃滅したことであった。

一六〇〇年、東インド会社を設立、海外進出へ乗り出すことになった。

一六〇三年、エリザベス一世に処刑されたメリーの子スコットランド王ゼイムズ六世が、ゼイムズ一世としてイングランド王を兼ねることとなった。彼は、王権神授説なるものを奉じ、イングランド国教会の首長として、これに批判的なカトリック教徒やプロテスタント教徒を弾圧した。

ゼイムズ一世は、聖書の英訳でも名を残した。彼の下で訳された聖書は「欽定訳聖書」として知られ、一六一一年に発刊され、長い間英訳の決定版となった。一部の人や、海外に逃れたピューリタンの間では、一五六〇年にスイスのジュネーブで刊行された「ジュネーブ聖書」Geneva Bible が用いられていた。ニューイングランドにもジュネーブ聖書が持ち込まれており、訳文の解釈に疑義を生じることもあった。

一六二五年、チャールズ一世が王位を継いだ。ヨーロッパ各国を巻き込んだ宗教戦争・三十年戦争の真っ只中であった。チャールズは、フランスとの戦争や、失政による財政難のため、増税政策を取ったが、議会と激しく対立した。これに対し、王は反抗者を逮捕するなど、弾圧が続いたため、一六二八年、議会は、いわゆる権利請願を行った。彼は、その後、議会を召集せず、十年余に及ぶ無議会時代を現出した。

スコットランド王を兼ねていたチャールズ一世は、スコットランドにもイングランド国教会方式を押し付けようとして反乱に遭い、いわゆる主教戦争を引き起こした。

一六四〇年四月に召集された議会は、王のスコットランド政策に反対、二週間で解散された。短期議会という。同年十一月に召集された議会は、一六六〇年まで二十年間続いたので、長期議会という。

短期議会、長期議会共に、王に反対する勢力が強かった。一六四一年、王の失政を糾弾する大諫議書が採択された。議会は、貴族、地主らを中心とする国王派と、一般市民や農民らを支持する反国王派との対立となり、オリヴァー・クロムウェルの指揮の下、反国王派が勝利を収め、一六四九年国王を処刑し、イングランドに共和制を敷いた。この政変は、国教会政策を取った王に批判的な勢力によって達成されたことから、しばしばピューリタン革命と呼ばれる。

護民官となったクロムウェルの独裁に対して、間もなく不満が高まり、彼の死後息子のリチャードが後を継いだが、政権を維持することが出来ず、一六六〇年、亡命中のチャールズ二世を迎えて、王政復古がなされた。

チャールズ二世は、フランス王との密約により、イングランドのカトリック化を策謀、のちの名誉革命の遠因となった。彼は死に際して、カトリック信仰を告白したという。

述べて来たように、イングランド王室は、カトリックとプロテスタントの間を、目まぐるしく揺れ動いた。そして、それは、信仰の問題というより、王や周辺の人たちの個人的ないし政治的事情によるものであった。

注目すべきは、王らの、このような恣意で無節操とも言える態度の変更によって、民衆、とくに王配下の支配層の人たちが、振り回されたことである。間に挟まれた中間的指導者や、教会を預かる牧師らは、王らの方針変更の都度、右往左往した。旗印をあいまいにしておくわけには行かない。一つの立場を頑固に守っていたら、どんな目に遭うか知れない。夥しい数の人が、何が何か分からないまま、犠牲になった。理想の社会を夢みて『ユートピア』を書いたトーマス・モアは、信任を得ていたヘンリー八世を怒らせ、断頭台に送られた。新大陸植民のさきがけとも言うべき役割を果たしたエリザベス一世の寵臣ウォールター・ローリーは、ゼイムズ一世によって処刑された。エドワード六世の下で、イングランド国教化を進めたカンタベリー大主教トーマス・クランマーは、王が変わると火刑になった。マサチューセッツ湾植民地のガヴァナーを勤めたヘンリー・ヴェインは、クロムウェルに協力したが、王政復古後、反逆罪で惨殺された。

中・近世のヨーロッパは、どの国も、決して住み易いところではなかった。宗教改革があろうとなかろうと、各国では、政治的、宗教的紛争が絶えなかった。宗教改革は、それに油を注いだのである。

注意すべきは、宗教改革は、キリスト教の中身を変更しようというものではなかったことである。宗教とは、信仰を掲げた、管理・統制の組織である。信仰の内容が、宗教集団のすべての人に、くまなく同一であるはずがない。宗教改革者らが言ったのは、キリスト教を改革しようとしたのではなく、その管理組織を改革しようとしたのである。カトリックが、千数百年をかけて作り上げた体制は、もはや腐敗の極に達しているので、聖書の原点に返って、教会を元の正しい姿に引き戻すことが必要だと言っているのである。

カルヴィンやルターが言っているのも、聖書の原点に立ち戻った場合、教会の管理体制はどうあるべきか、牧師の役割は何か、洗礼にはどういう意味があるか、三位一体をどう見るか、聖霊はどういう働きをするか、聖餐式の意味は何かなど、どちらかと言えば形式的なことである。それも、聖書に照らせばなるほどと思うような事柄である。つまり、宗教改革は、キリスト教の中身ではなく、その管理体制を、本来のあるべき姿に引き戻そうというものであった。そして、管理組織のあり方についての意見の相違から、激しい対立や紛争を生じたのである。

宗教改革時の個人や集団の行動は、しばしば、カトリックかプロテスタントか、プロテスタントであればどの派閥かという、宗教的仕分けによって説明される。そして、一般に十七世紀初頭に、ニューイングランド始め、新大陸各地に入植したイギリス人をピューリタンと呼び、宗教的動機でイングランドを捨てた人たちであったとする。彼らは、イングランド国教会の改革が中途半端であることを不満とし、これをピューリファイすべきだとの熱意に燃え、新大陸に理想の神の国を建設しようと渡来したというものである。

一統計によれば、一六一二年から一六四六年までに、イングランドを出て新大陸に移住したピューリタンの数は、次の通りであったとされる。すなわちニューイングランドへ一七、八〇〇人、メリーランドおよびヴァージニアへ九、五〇〇人、バーミューダ諸島を含む西インド諸島（バハマ、セントキッツ、ニーヴィス、セントクロイ、バルバドス、プロヴィデンス）へ約四〇、〇〇〇人[1]。

この数は、おおまかには、この時期に新大陸に渡ったイギリス人全員の数である。それをピューリタンという仕分けで分類しているわけである。

あとで個々の事例については詳しく述べるが、これら新大陸移住者らが、一つの宗教的理念によって行動したのでは決してない。ピューリタニズムというイズムは存在しないのである。

前に述べたように、イングランドは、中間的支配層の人たちにとっては、実に住みにくいところであったが、下層の農民や労働者にとっては、一層住みづらい国であった。十五世紀後半に始まった囲い込み運動は、農民の浮浪化を招き、さらに基幹産業の毛織物業の停滞、王や地主による搾取などにより、一部の貴族、地主や役人、特権を持った商人らを除き、民衆の生活は窮乏していた。巷には貧民が溢れ、一五六二年以来しばしば救貧法が公布され、一六〇一年には、これを集大成し、とくに土地を失った農民を救済する措置を講じた。一六〇七年、囲い込みに反抗する農民の暴動が起こったが、この年にヴァージニアにゼイムズタウンが作られている。

貧しい人たちの大規模なアイルランド移民が行われた。新大陸への移民の募集が始まった。当時のアメリカ大陸移民募集のポスターには、「ヴァージニアへの移住、すばらしい成果が期待出来る」云々と書かれていた。[2] ヴァージニアとは、北アメリカ大陸東海岸で、イングランドが植民をしようと考えていた地域全体を指した。


新大陸へ移民した人たちの大多数は、このような移民募集に応じた貧民であった。極端な言い方をすれば、アメリカ合衆国の基礎を作った、初期の植民者らは、イングランドを逃れた経済難民が、その大部分を占めていたと言っても過言ではない。その中には、借金で縛られた年季奉公者や、幼児労働に類する若年労働者や、主人に従属した召使らが含まれていたし、その他、流れ者のように仕事を求めて渡り歩く労働者もいた。


このような人たちを多数含んでいる移民団を、何故にピューリタンという宗教的ニュアンスの言葉で呼ぶのかというと、彼らの植民を指揮した人たちに、宗教的と言える理由があったからである。

注意すべきは、ヨーロッパ人はすべてキリスト教徒であるということである。人が集団を作ったり、離脱したり、離合集散を繰り返すのは、純粋に宗教的理由による場合がないことはないにしろ、多くの場合、その背景には、政治的ないし経済的、あるいは個人的、感情的事情があるものである。

宗教改革にからんで、イングランド国内の事情、とくに王室の動向は、多くの人に不安ないし不満を与えた。そのうち、ちょうどそれと並行して始まった新大陸への植民の機運に乗じて、国を出る決意をした人たちがいた。その人たち、およびその人たちに追随して新大陸に植民した人たちを、のちの人はピューリタンと呼んだ。

　彼らが国を捨てた動機は、必ずしも、宗教的信仰だけではなかったのだが、全員がキリスト教徒の国においては、似たような行動パターンを取った人たちを、宗教的な用語を用いて仕分けをし、分類することが、一般に行われている。ピューリタンの場合、彼らの移住の動機は、主として、政治的、経済的ないしは感情的要素が強かったのだが、しばしば宗教的用語でこれを説明した。しかも、ピューリタンらの間には、何らかの共通の理念があったのではなく、各自が、それぞればらばらの信仰を持ち、それぞれ勝手な政治的信念の下で行動したのである。

　本書の基本資料であるウィリアム・ブラッドフォードやジョン・ウィンスロップの記録でも、その宗教的潤色のベールを剥ぎ取った生地の部分は、対立、抗争に明け暮れた生々しい人間関係と、働き蜂とも言うべき底辺の人たちの苛酷な生活の模様を、鮮やかに映し出している。

　当時の移民船での渡航は、実に命がけであった。一六一八年、フランシス・ブラックウェルという男が、移民船を仕立てて、百八十人を乗せ、ヴァージニアへ向けて、イングランドを出港した。彼らは「にしんのように積め込まれていた」という。上陸地点を探して海上を漂っているうちに、赤痢の蔓延と真水の欠乏のため百三十人が死んだ[3]。これだけの犠牲を覚悟で、新天地にチャンスを求めたのである。

　マサチューセッツ湾についてはあとで詳しく述べるので、ここでプリマスの事情について触れておきたい。

一般に、プリマス植民地は、イングランド国教会の制度改革に不満を持った人たちの中で、国教会に見切りをつけて、独自の教会を持とうとした、いわゆるセパラティストと呼ばれる集団によって作られたとされる。セパラティストらは、宗教的に比較的寛大であったオランダへ移り、その一部はアムステルダムに住んだのちライデンで十数年を過した。その中の少数の者が、一六二〇年、メイフラワー号でプリマスへやって来た。この人たちを、のちの人は、ピルグリムファーザーと呼ぶことになる。

こうして、プリマス植民地が出来た経緯を表相的に見ると、この人たちの行動が、すべて宗教的動機に基づいているように受け取られる。

ところが、実情は必ずしもそうではない。メイフラワー号で渡来した百四人（百二人ともいう）の内訳は次の通りであった。セイント四十一名（男十七名、女十名、子供十四名）、雇い職人五名、召使十八名、ストレインジャー四十名（男十七名、女九名、子供十四名）[4]。セイントとはライデンにいたセパラティストの人たち、ストレインジャーとは、イングランドで募集された海外移住希望者をいう。

一六二〇年から一六三〇年までに、八隻の船等でプリマスに運ばれて来た人の数は、セイント百八名、ストレインジャー百三十三名、雇い職人五名、召使五十六名、その他分類不能の者が六十名であったとされる[5]。

この中、ストレインジャーや召使などが、宗教的理由でこの植民に参加したのではなかったのは当然としても、セイントと呼ばれた人たちが、純粋に信仰上の動機で、新大陸への渡航を決意したのでなかったのは、ブラッドフォードの『プリマスプランテーションの歴史』の中の次の記述でも明らかである。すなわち、「我々の移動の理由と原因を示す」という項に、次のように書いている。「第一に、我々は、経験によって、この国この場所（オランダ・ライデン）の苛酷さがよく分かり、そのため、我々のところへやって来る人はほとんどいないし、また困難に堪えて一緒に生活を続けようとする人はさらに少ない。我々のところへやって来て、我々と共に住もうと願っていた多くの人たちは、我々が我慢し、甘んじて来た激しい労働、苦しい生活、不自由さに堪えることが出来なかった」。そのほか、オランダでこのような苦難が続くのなら、イングランドの獄中にいた方がましだとか、子供が親を捨てて離れて行くのが嘆かわしいなどと述べている。[6]

こうしてやって来た新天地は、決して神の国と言えるものではなかった。

一六二一年、プリマスに、フォーチュン号が、三十五名を乗せて到来した。セイントが十二名、ストレインジャーが二十三名であった。彼らは、ケープコッドに近づいた時、対岸の荒涼とした光景を見て、前の移民らは大変な目に遭ったに違いないと、怖じ気付いた。船長は、ここが駄目なら、ヴァージニアへ連れて行ってやると言って、彼らを宥めたという。そして、上陸した時の様子を、「人力が増強されるのは嬉しいが、彼らがもう少しましな状態で、食べ物などの準備も調えて来てくれればよかったと、願わざるを得なかった。しかし、致し方ないことだ」とブラッドフォードは記している。[7] 当初の植民地では、半年分程度の食糧を持ち込んで来なければ、収穫までは、現地での調達は難しかった。

一六二二年、アン号とリトルゼイムズ号が九十三人（セイント三十二名、ストレインジャー五十八名、召使三名）を運んで来た。その時の様子を、ブラッドフォードは、次のように記している。

「この人たちは、陸上の活気のない哀れな有様を見て、大いに怖じ気付き、落胆した。そして、それぞれの人が、それなりの受け止め方をした。イングランドへ帰りたいと願う者、自分たちも同じような目に遭うのかと、座り込んで泣き出す者、友人らがこんな悲惨な状態にあるのを憐れむ者など様々で、誰もが悲しみに満ちていた。……彼らが、このような印象を受けたのも無理からぬことだ。誰もが実にみすぼらしい格好で、着ているものはぼろぼろで、裸よりはましだという程度であった。……新来者への持て成しと言えば、ロブスターと魚の切れ、パンなしで、泉からの清水位のものだった」。[8]

プリマス植民地を作ったのは、セイント、ストレインジャーを問わず、実に雑多な人たちであった。

メイフラワー号でやって来た、ライデン以来のセイントの一人に、アイザック・アラトンがいた。彼は、ブラッドフォードの下でアシスタントを勤めた有力者で、プリマスを代表して数度にわたりイングランドに渡り、出資者らとの交渉に当たった。この男が、商売気の強い世俗的な男で、プリマスを出て、マサチューセッツのマーブルヘッドで漁業に従事したり、ニューヨークやニューヘイヴンで商売をしたりした。ヴァージニアや西インド諸島での交易で財を成したが、死ぬ時は破産状態だったという。

九歳の時、父フランシスに伴われて渡来したセイントの一人ジョン・クックは、教会の執事にまで選ばれたのに、信仰上の理由で職を追われ、破門に処せられた。

一六二一年、フォーチュン号でやって来たジョナサン・ブルースターは、スクルージー以来の生え抜きのセパラティストであったが、五年後にはプリマスを去り、コネチカットでかなり手広く商売をしていたという。

プリマス植民地は、イングランドのアドヴェンチャラーと呼ばれる出資家らからの借金によって実現したものであった。入植者ら、つまりピルグリムファーザーらは、一種の年季奉公のような立場で、借金の返済に当たった。最初の契約では、その期間は七年となっていたが、借金の返済はその後も続いた。

これに反し、マサチューセッツ湾の場合は、裕福な人たちが、費用を出し合って、植民会社を運営し、植民を指揮し、管理をした。この人たちは、宗教改革時の王室の動向や、イングランド国教会のあり方に、大なり小なり不満を持つ人、つまりピューリタンであった。ピューリタンという言葉を定義するのは難しいが、考え方が平均的な人から突出した、信仰篤い人だと言えると思う。

信仰篤いということは、自分の信仰のみが正しいと信じることである。言い換えれば、他の信仰形態は正しくないとする態度である。宗教的不寛容は、信仰篤い人たちの間で起こった当然の現象であった。

前に述べたように、宗教改革とは、教会の管理組織の改革であった。キリスト教信仰においては、神は一つであり、依拠するのは片手で持てるほどの聖書だけである。信仰自体においては、それほどの逸脱は生じ得ない。常に問題となったのは、信仰を管理する制度についてであった。洗礼はしばしば問題にされたが、それは、どのような方式で洗礼を行うか、幼児洗礼は是か非か、再洗礼は必要かなど、どちらかと言えば形式的なことで、様々な意見に分かれたのである。そして、そのような意見の対立の背後には、必ずと言ってよいほど、政治的立場の違いがあった。例えば、幼児洗礼を是とする側は、聖職者は、その権威によって、幼児を信者とすることが出来るとするのに対し、再洗礼派は、本人の意志が確認されるまでは信者にするわけには行かない、というような相違であった。このことは、教会の機構の中での聖職者の権威の軽重に係わるものであったし、延いては、政治の場における司政官の権威を問う問題でもあったのである。

マサチューセッツ湾植民地を支配したピューリタンの間では、このような信仰上の形式や制度にからんだ対立や抗争が絶えなかったのである。

さらに、マサチューセッツ湾ばかりでなく、ニューイングランド一帯には、次々と牧師がやって来た。イングランドで聖職者教育を受け、すでに名を成した牧師も多かった。彼らが本国を捨てて、植民地に渡って来たのには、それなりの理由があったに違いない。イングランドの情況に、大なり小なり不満があったであろうが、中には植民地には何かよいことがあるかも知れないから行ってみよう程度の牧師もいたようだ。

イングランド本国では、その時その場の支配者による異端の告発が行われていた。ジョン・コットンやトーマス・フッカーは、イングランド出国の時には、高等宗務裁判所 Court of High Commission から出頭を求められていた。この人たちこそ、真のピューリタンと呼べるのであろうか。このような人たちは、それぞれ強い自我と個性を持った、一癖も二癖もある人物であった。

植民地の支配者たち、牧師、それに自費で植民に参加し、公費を負担し、自力で生活出来る人たちは、フリーマンの格付けがなされていた。この人たちが集合してゼネラルコートを構成した。フリーマンは、植民地の人口のほんの一部を占めるに過ぎなかった。彼らは、農業、漁業、交易等で収益をあげ、また店舗を開いて商売を営み、時には法外な利潤を追求する者もいた。

フリーマンは、妻や子供のほか、数人から数十人の召使を伴っていた。その中には、家付きの召使、年季奉公人、雇われ職人がいた。黒人の召使もすでに連れ込まれていた。職人（大工、鍛冶、造船工、樽工など）は手薄だったため、かなり優遇されていたようだが、一般に奉公人らの生活は悲惨で、仕事の苛酷さから逃亡したり、自殺をした者もいた。初期のニューイングランド植民地には、生命の尊厳とか人権というような概念は存在しなかった。

これから詳しく述べるマサチューセッツ湾植民地もニューイングランド各地に出来た植民地も、決して一つの理念の下に統合されたホモジーニアスな集団ではなかった。これら植民地の特徴は、一口に言えば、そのヘテロジニーイティにあった。

このようにピューリタンと仕分けされるイギリス人の新大陸への組織的移住は、一六四〇年代に入り、イングランド本国で長期議会が開かれた頃、跡絶えた。もちろん、その後も、イングランドおよびその他の外国からの移民は続いたわけだが、将来のアメリカ合衆国の核となるべきイギリス人の入植は、この時期に完成したと見てよいと思う。

マルサスが『人口論』で言っているように、アメリカの人口は、この後爆発的に増加した。もちろん、その中には多数の移民も含まれるわけだが、注目すべきは、この時期に入植した人たちの子孫が、限りなく増殖し、アメリカ合衆国の言語、宗教、その他の文化の形成の基礎となったのである。夫婦が六人、八人の子供を生むのは普通で、中には十人、十二人の子供を抱えた大家族も少なくなかった。新大陸は、広大な土地と資源と、機会を提供したのである。

二　ニューイングランド植民への道

ニューイングランドが、現在の境界線による六州から成ることになったのは、後のことである。最初の入植が始められた頃は、境界も、現在の地名もない、荒涼とした自然のままの土地が広がり、ところどころにインディアンの集落が点在しているに過ぎなかった。

当時、のちにアメリカ合衆国となる地域には、およそ三百万人のインディアンが住んでいたとされる。彼らは約二百の部族または支族に分かれ、それぞれそれなりの独自の文化を持っていた。これら部族間の関係は、協調というよりむしろ対立で、しばしば抗争を起こした。

コロンブスの第一次航海の五年後の一四九七年、および九八年、イタリア出身のジョン・カボットは、イングランド王ヘンリー七世の下で、北アメリカ大陸東北岸およびノーヴァスコーシア付近を探険した。このカボットの探険が、のちにイングランドがアメリカ東岸地域への権利を主張する根拠となった。同じイタリア人のアメリーゴ・ヴェスプューチ（ラテン語名アメリカス・ヴェスピューシアス）がカボットより八日前に北アメリカ大陸東岸に上陸したと主張したが、疑わしいという。しかし、彼は新大陸にアメリカの名を残した。

一五二四年、イタリア人ジオヴァニ・ヴェラツァーノは、フランスのため、ニューファウンドランドからノースカロライナ一帯を探険、ハドソン川河口を踏査した。一五三四年、フランス人ジャック・カルチェは、セントローレンス川沿岸を探険、フランス人の入植への足掛かりを作った。

こうして、ヨーロッパ各国から次々に人々が渡って来るようになり、次第に、漁業や、インディアンとのビーバーやかわうその毛皮の交易が行われるようになった。交易のための拠点が設けられたり、これを保護するための簡単な砦が作られたりした。

エリザベス一世の寵臣ウォールター・ローリー卿は、一五八四年から八九年にかけて、現在のヴァージニアに植民地建設を試みたが失敗、成果を挙げるには至らなかった。彼らは、未婚を通したエリザベスに因んで、イギリス人が植民することになるであろう新大陸の地帯をヴァージニアと名付けた。

一六〇六年、ゼイムズ一世はヴァージニア会社の設立を許可した。この会社は、植民を希望する者に土地を給付（グラント）し、必要な資金を醸出するスポンサーを募るなど、植民を促進しようというものであった。ここに、イングランドが国家として、アメリカ大陸植民へ乗り出すことになったのである。

会社は二つに分かれ、ロンドンヴァージニア会社 Virginia Company of London（本部ロンドン）とプリマスヴァージニア会社 Virginia Company of Plymouth（本部イングランド南部プリマス）から成り、ロンドン会社は北緯三十四度から四十一度まで、プリマス会社は三十八度から四十五度まで、内陸百マイルの地域とし、重なり合う部分は互いに譲り合うこととされた。

一六〇七年、ロンドン会社の下でクリストーファー・ニューポートらが着手したゼイムズタウンの建設は、難渋の末一応の成功を見た。ニューポートらと共にこの地の植民を試みたジョン・スミスは、過去にも数奇な経験を持つ冒険家であったが、ゼイムズタウン付近にいた短期間に、インディアンに捕らわれたり、反乱を企てたとして危うく死刑にされようとするなどの目に遭ったという。ゼイムズタウンのガヴァナーを一期勤めた。スミスは、その後北方の海岸一帯を探険、これをニューイングランドと呼び、一六一四年にその地図を作っている。彼は、新大陸に関するいくつかの著作を残したが、中でも『ニューイングランド描写』*A Description of New England* は、イングランド国内でニューイングランドへの関心を高めるのに役立ったという。スミスが、ピューリタンらをニューイングランドへ移住させる案内役を申し出たところ、彼が書いた本や地図は役に立つが、人間は必要でないと断られたというエピソードがある。

一六〇七年、プリマス会社の設立者の一人で、有力な株主ファーディナンド・ゴージス卿は、同会社のメンバーであるジョージ・ポップハムにケネベック川河口に植民地を作らせようとしたが、ポップハムの死亡により放棄された。ゴージスは、ジョン・スミスにもこの地域に植民させようとしたが、うまく行かなかった。

ヴァージニア二会社は、発足当時から内紛が続き、ロンドン会社は、王のチャーターは数度切り替えられたが、一六一二年には一応の自治が認められ、一六一九年、ゼイムズタウンで植民地最初の議会が開かれ、その同じ年、この地へ黒人奴隷が初めて導入された。ロンドン会社のチャーターは、一六二四年ゼイムズ一世によって取り消され、この地域の植民地は王直轄となった。

一方プリマス会社も、経営がうまく行かず、一六二〇年、同じくファーディナンド・ゴージスを中心とする新会社、ニューイングランド協議会 Council for New England がこれを引き継いだ。この時、ニューイングランドの範囲を、北緯四十度から四十八度までとした。

ファーディナンド・ゴージスは、仲間のジョン・メイソンと共に、一六二三年、ケネベック川とメリマック川の間の全地域に対するパテントを受け、ゴージスがメインの部分を、メイソンがニューハンプシャの部分を支配することとしたが、いずれも成果を挙げることは出来なかった。

それでも、ニューイングランド協議会の代表格のゴージスは、その後も権利の主張を続け、とくに彼の権威を利用して、ニューイングランド全体の植民地の上に立つゼネラルガヴァナーを置くことや、これを王直轄のロイヤルコロニーとすることを企て、ゴージスに支配権を与える画策をする者がいたりしたが、プリマスやマサチューセッツ湾が強力な自治政府を作ることに成功したので、実を結ぶことはなかった。

現在カナダ領となっているセントクロイ川北東部ニューブランズウィック地域からノーヴァスコーシアの一部を含む地帯は、一六二一年、ゼイムズ一世によってウィリアム・アレクサンダー卿に、またセントクロイ川とケネベック川との間の地域は、一六三五年、ニューイングランド協議会から同じくアレクサンダー卿に与えられた。これらの地帯は、のちのイングランドの共和制の時代に、オリヴァー・クロムウェルによってフランス系の人数人にパテントが与えられるなど、入り乱れた土地の給付が行われた。しかし、セントクロイ川東北部やセントローレンス川流域地帯にはフランス人を主流とする入植者が、またケネベック川からセントクロイ川の間の地域はマサチューセッツ湾植民地を食《は》み出した者を含むイギリス人を主流とする入植者が、実効支配をするようになり、これらのパテントの実質的意味はなかった。

コネチカットやロードアイランドは、マサチューセッツ湾を食み出した者たちが主流となって植民が行われた。ロードアイランドはニューイングランド内での「変わり者の天国」とか『無秩序で常軌を逸した者どもの捨て場」などと評された。ロードアイランドでは、一六四四年、ロージャー・ウィリアムズがイングランド議会からナラガンセット湾入植地へのパテントを受けた。一六六三年、チャールズ二世は、ロードアイランドに正式のチャーターを与えた。しかし、いずれも既成の入植地を追認しただけで、実質的には意味はなかった。

コネチカットは、ハートフォード、ウィンザー、ニューヘイヴンなどとイギリス人植民地が広がって行ったが、オランダ人やスウェーデン人入植者と競合することもあり、対抗上からマサチューセッツ湾やプリマスとの連繫が比較的強かった。一六六四年、チャールズ二世は弟のヨーク公爵にコネチカットからロードアイランドへ至る地域を与えたが、実質的な意味はなかった。

一六四三年、ニューイングランド植民地は連合体を作った。その正式名称は The United Colonies

of New England で、通称 The Confederation of Colonies という。

連合体を作る話が起こったのは、一六三七年のことであった。コネチカットの代表がボストンで提案、プリマスへ呼びかけることで始まった。コネチカット周辺には、早くからオランダ人が入って来ていたし、スウェーデンその他の国からも入植が始まろうとしており、イギリス人としてこれに対抗する必要を感じたのであった。植民地連合の条項の中にも、「我々はいくつもの国の人たちと、いくつもの外国語に囲まれている」とある。インディアン対策にしても、植民地相互間のごたごたの処理も、ばらばらでやるより、協同して当たった方がよかったに違いない。

この植民地連合に参加したのは、マサチューセッツ湾、プリマス、コネチカット、ニューヘイヴンであった。詳しくは、あとの「群像」の項で述べる。

アメリカ大陸におけるイギリス人植民地は、こうしてイングランド本国からは実質的には大した干渉を受けないで、独自の成長を遂げて行った。しかし、植民地が大きくなるにつれ、イングランド本国でもその有益性に目を向けるようになった。

王制復古を果たしたイングランドでは、チャールズ二世の下、一六六〇年、一六六三年、一六七二年と、次々に航海条令を公布、植民地は商品の輸出入に大きな負担が加えられた。同時に、植民地の自治権の縮小が図られ、一六八四年、マサチューセッツ湾へのチャーターの取り消しが決定された。

一六八六年、チャールズ二世の後を継いだゼイムズ二世は、マサチューセッツ湾、プリマス、ニューハンプシャ、ロードアイランド、コネチカット、ニューヨーク、ニュージャージーを統合して王直轄統治領とすることとし、エドマンド・アンドロス卿を総轄のガヴァナーに任命した。そして、植民地にもイングランド国教会を押し付けようとした。

一六八八年、いわゆる名誉革命により、ゼイムズ二世は追放され、カトリック色の強いメリー二世とウィリアム三世の共同統治の代となった。

アメリカの植民地は、直ちにこれに呼応、アンドロスは一時捕らえられて獄に入れられた。そして、植民地は、大体において前の姿に戻った。この際の植民地の蜂起には、コットン・マザーやインクリース・マザーが尽力した。

このように、アメリカ大陸におけるイギリス人植民地は、イングランド本国の政治の流れに翻弄されながらも、その中で自主性を保ち、独立性を育み、実力を付け、一七七〇年代になると、本国に対して、独立戦争を挑むまでに成長して行ったのである。

三　マサチューセッツ湾植民地政府の形成

マサチューセッツの沖合いでは、一六二〇年代に入ると、イギリス人による漁業が盛んに行われるようになり、沿岸には魚の乾燥や当座の食物の確保のため基地が必要となった。一六二三年、ドーチェスターアドヴェンチャラー会社 Dorchester Company of Adventurers がケープアンに漁業基地を作った。アドヴェンチャラーとは、冒険を覚悟の上で漁業や植民に投資する商人などのことである。

ケープアンの基地は、結局うまく行かず、一六二六年、三、四十名の者がセイレムに移り住んだ。一六二八年、ジョン・エンディコットが、一団の植民者を率いてセイレムへやって来て、その支配者となった。

一六二八年、ニューイングランド協議会はジョン・ハンフリー、ジョン・エンディコットらにマサチューセッツ植民のパテントを与えた。このパテントの範囲は、「メリマック川の北三マイルを北限とし、チャールズ川の南三マイルを南限とする地帯一帯」とされた。さらに、王のチャーターにより、これをマサチューセッツ湾会社 The Governor and the Company of the Massachusetts Bay in New

England = Massachusetts Bay Company とし、大幅な自治権が認められた。すなわち、会社に出資して植民に参加するフリーマンに、毎年復活祭開廷期 Easter term（四月十五日から五月八日まで）の最後の水曜日に選挙を行い、ガヴァナー、副ガヴァナー、十八人のアシスタントを選出し、必要な法律を作り、会社を運営する自治を与えるというものであった。

このパテントにより、一六二九年、植民地政府が結成され、マシュー・クラドックをガヴァナーに選んだが、彼がイングランドに留まるため、前の年にセイレムに渡っていたジョン・エンディコットを代理として実質的なガヴァナーとした。そして、移民団を募り、六隻の船を仕立てて、約四百人をセイレムへ送り込んだ。この移民者らは、セイレムを中心に、その周辺に入植、その一部はチャールスタウンを作った。

当然のことながら、彼らは教会を作り、牧師 pastor、教師 teacher を選任した。教会はコングリゲーショナルの傾向が強く、教会の会衆による自治を建て前とした。エンディコットら指導者層は、セパラティストに近い考えを持っていて、イングランド国教会の腐敗には一線を画すべきだとしたが、一部にはイングランド国教会に忠実でありたいとする人たちがいて、直に信仰上の対立が起こった。エンディコットらは、反対派のジョンとサムエルのブラウン兄弟らを捕らえ、イングランドに送り返した。マサチューセッツ植民地は、その初期から、宗教的には不寛容であった。とくにエンディコットは宗教的にも政治姿勢でも、冷酷ともいうべき厳格さを示し、のちにクエーカー教徒の迫害で勇名を馳せた。

ここで注意すべきは、パテントによって給付される土地の範囲と、所有権の問題であろう。

第一に、当時は、新大陸の地理に関しては誰も正確な知識を持っていなかったことである。つまり、新大陸の土地に対するパテントは、どちらかと言えば大摑みのものであった。後でも述べるように、北のメリマック川周辺でも、どこまでマサチューセッツ湾政府の管轄が及ぶのか定かでなかったし、南のチャールズ川の解釈でも、プリマスとの間で紛争が続いた。

マサチューセッツ湾植民地のパテントでは、その南端を「チャールズ川と呼ばれる川の南方三マイルまでとし、さらにマサチューセッツ湾と言われている入江の南端から三マイル」とされていた。現在、チャールズ川はボストンの北側を横切り、ケンブリッジ、ウォータータウンに沿って西行し、その後南下してジグザグのコースを辿る。しかし、ボストン周辺には数条の川があり、さらに沼地が広がっていたので、当時の人はどれがチャールズ川か見当がつかなかった。ジョン・スミスが一六一四年に描いたニューイングランドの地図を見ても、チャールズ川の河口の部分はあるが、もちろん正確ではない。そのため、境界のことでプリマス政府との間に、しばしば紛争が生じた。ウィリアム・ブラッドフォードは『プリマスプランテーションの歴史』の中に、一六四〇年、ヒンガムやシチュエート周辺の境界の問題に関して、次の記事を残している。

「誰も、どこまでがチャールズ川に含まれる部分か知らなかった。つまり、誰も、どれがチャールズ川かを知らなかったのだ。（キャプテン＝スミスが地図に示したチャールズ川はこれだろうと想像して）その川の沿岸にチャールスタウンを作ったのだ」[9]。

この時は、双方からそれぞれ代表を出して話し合い、一応の同意に達した。後で述べることになるが、この問題は、一六四三年に結成された植民地連合の交渉の際にも取り上げられた。

もう一つは、ヨーロッパ人が新大陸の土地を、何の躊躇もなく占拠して行った背景に、どんな論理があったかということである。それには、まず宗教的論理があった。つまり、異教徒の地にキリスト教を植え付けるのは善であり、キリスト教に改宗しない異教徒を殺すのは悪ではない、というのである。この論理は、ヨーロッパ人による南北アメリカ大陸占領の際に、忠実かつ効果的に実践されたと言ってよい。

次は、空地居住 vacuum domicilium という論理である。アメリカ大陸にはインディアンが住んでいた。十七世紀初頭、どれだけのインディアンがいたか、正確には分からないが、南北アメリカ大陸全体で五千万人前後、現在のアメリカ合衆国の範囲内では三百万人前後のインディアンが住んでいたと推定されている。

あの広大な地域に、これだけの人口がまばらに散らばっており、大部分の土地は空地と言える状態であった。空地は誰の所有でもない。インディアンは、必要な土地を確保し、そこで何の支障もなく生計を立てているのだから、それ以外の土地は、彼らの手の及ばない、放置された空地であり、そこに入植するのは何の問題もない、という論理であった。もちろん、中にはインディアンに金を払って土地を購入した人もいたわけだが、大部分の土地は、このような論理で一方的に取得されて行ったのである。

一六二九年秋、イングランドのケンブリッジに、十二人の人が集まった。彼らは、準貴族を含む錚々たる人たちで、イングランドの現状に何らかの不満ないし不安を感じていた人たちであった。その中に、ジョン・ウィンスロップ、トーマス・ダドリー、ウィリアム・ヴァサル、ジョン・ハンフリーがいた。彼らは、その後の植民地形成に、重要な役割を果たすことになる。

この人たちは、マシュー・クラドックの意向により、前に作られた会社のパテントをそのまま引き継ぐことになった。そして、ウィンスロップをガヴァナー、ハンフリーを副ガヴァナー、さらに十八人のアシスタントを選んだ。ハンフリーの出発が遅れるというので、トーマス・ダドリーが代わって副ガヴァナーとなった。

こうして、改めて発足したマサチューセッツ湾会社は、ウィンスロップらを中心に、さらに多くのフリーマンの参加を得、彼らが出資した資金によって、本格的にマサチューセッツ植民に乗り出すことになった。

ウィンスロップらは、一六三〇年のイースターマンデイ（復活祭の翌日の月曜日。その年は三月二十九日）に、イングランド南部中央のワイト島カウズでアーベラ号（三五〇トン）に乗船した。他の三隻と共に、四隻が伴航し、別の七隻は出発が若干遅れて、後に続くことになった。

船団には、ガヴァナー＝ウィンスロップ、アシスタント、会社に出資して参加したフリーマンのほか約二千人の職人、召使、その他の移住者が乗っていた。食糧、水の他、農器具その他の生活用具、牛馬などが積まれていた。

出発を前に、前のガヴァナー＝マシュー・クラドックが船中まで見送りに来た。ヤーマス（ワイト島西北）を通過した時、城壁に旗を立てて壮行を祝った。

ウィンスロップは、航海中の船の位置、天候、その他の出来事を『ジャーナル』に残した。しばしば嵐に襲われた。他国の船に遭遇したり、鯨の群に出くわしたりした。数十人の乗客や多数の牛馬が死んだ。船中での出産もあった。

船中では、しばしば礼拝や断食式が行われた。非行があると処罰された。

六月十二日、アーベラ号はセイレムに入港した。セイレムのガヴァナーを勤めていたジョン・エンディコットが船に上がって来て出迎えた。アイザック・アラトンも船に姿を見せた。アラトンは、メイフラワー号でプリマスへやって来たセイントの一人であったが、手広く商売をし、その頃セイレム付近で活動していた。

到着後間もなく、アーベラ・ジョンソンが死んだ。彼女はリンカン伯爵の娘で、ウィンスロップが乗って来たアーベラ号は彼女の名を取ったものであった。その一か月後、夫のアイザック・ジョンソンも死んだ。ジョンソン夫妻は、マサチューセッツ湾会社設立の際の功労者でもあったが、多額の資産を植民地のために贈った。

ウィンスロップの息子ヘンリー・ウィンスロップもセイレムで溺死した。

ウィンスロップらは、入植に適当な土地を探査、現在のボストンを中心に、その周辺に落ち着くことなった。当然のことながら、二千人に及ぶ人数を受け入れる集落はなかったから、それぞれテントを張ったり、仮設の家を作ったりして、当座の雨露を凌いだに違いない。有力なフリーマンらは、恐らく最初は先住者の家に仮居したであろうが、彼らは職人や召使を使って、早い時期に住居らしい住居を作った。

最初の司政官会議 court of assistants は、一六三〇年八月二十三日に開催された。その時には、教会の組織、軍隊の構成、インディアン問題、食糧対策などが話し合われ、植民地政府が動き出した。この会議では、過度の飲酒を禁じることも決められ、植民地を秩序あるものにすることを主眼に置いていた。

会社の運営、すなわち植民地運営の最高の権限は、フリーマン全員によるゼネラルコートの手に委ねられていた。ゼネラルコートは当初年四回開かれ、そのうち一回は選挙が行われることになっていたが、フリーマンの数が増えるに従い、またフリーマンとノンフリーマンとの区別がなくなって行くにつれて、選挙を除いて、代議員制へと移行して行った。最初のゼネラルコートは、その年の十月十八日に開かれた。

当時のゼネラルコートは、立法、司法、行政の権限を一手に握っていた。法令の制定、執行、土地の配分、軍隊の組織、犯罪の取り締まり、裁判、刑の執行、タウン設立の認許など、あらゆることがゼネラルコートの権限の中にあった。司政官はこれらの権限の執行機関であった。司政官は強力な権限が与えられていたので、しばしば専横の振る舞いがあったが、彼らといえどもゼネラルコートの決定には従うことが求められた。

ゼネラルコートを構成したフリーマンは、自分の負担で入植し、会社を支える人たちであった。彼らは当然教会のメンバーであり、信仰に係わることと民政に関することが、しばしば混同された。宗教と政治は区別すべきだとの議論がなくはなかったが、何分、全員が教会員で、教会の有力者が政府役員を兼ねていることが多かったので、両者の混同は当然であった。彼らの判断の拠り所として、しばしば聖書が引き合いに出された。

もちろん、ノンフリーマンが教会から除外されたのでは決してない。出来るだけ礼拝日に教会に行くのは当然であった。一六四一年のウィンスロップの『ジャーナル』に、黒人のメイドが教会に受け入れられ、洗礼を受けたとの記事がある[10]。

新しくタウンを作る時は、必ず中心に教会を置いた。小さいのでは七、八人のフリーマンの集落がタウンの申請をして認められたこともあった。もちろん、妻子や使用人らを加えれば、その数倍から数十倍の人口になる。

マサチューセッツ湾植民地内の教会は、コングリゲーショナルの形態を取っていた。これは、教会を司るのはイエス・キリスト以外にはなく、これを支配したり統轄したりする組織や機関は必要でないとし、各教会が、独自に役員を選び、運営をした。しかし、大部分の教会は、牧師、教師、執事、長老を持っていたが、中にはこれと異なる組織の教会もあった。

各地に教会が出来て来て、意見統一のため各教会の代表を集めて教会会議 synod が数回開かれた。

第一回は一六三七年、アン・ハッチンソンやジョン・ホイールライトらによるアンティノミアン問題を協議するため開かれたが、ボストン教会は議題に反発、代表を引き上げた。その後開かれた会議でも、コングリゲーショナルの理念に反するとして、代表を出さない教会もあった。

植民地政府は、異端者を厳しく糾弾した。政治的異端者は、多くの場合宗教的異端者でもあった。異端の定義は、時により、また有力者の意向により必ずしも同一ではなかったが、概して言えば、政府または教会の権威を脅かす言動は弾圧の対象となった。アンティノミアン騒動は、アンティノミアンらが信仰を至上のものとし、政府や教会の世俗的権威を軽視しようとしたことへの危機感の現れであった。

従って、裁判は宗教裁判の傾向が強かった。非行に対しては、罰金 fine、手かせ pillory、足かせ stocks、笞打ち whipping、絞首 hanging などの刑罰が科せられた。教会は、しばしば異端者を破門 excommunicate した。政府は好ましくない者を追放 banish した。

ニューイングランド植民地の政治形態を、しばしば神権政治 theocracy と呼ぶ。一般にこの言葉から受ける印象は、一つの一貫した宗教理念に基づいた、秩序ある政治体制ということであろう。そして、ニューイングランドの場合、この宗教理念とはピューリタニズムというわけである。

しかし、この説明は半分は正しくない。ニューイングランドに移住したイギリス人は、すべてキリスト教徒であり、大多数がプロテスタントであり、しかもイングランド国教会の礼拝様式に従って神を拝するのに若干なりとも抵抗を感じる人が多かったのは事実としても、彼らは、信仰の質、度合い、国教会に対する態度において、同一ではなかった。このヘテロジーニアスな様相は、マサチューセッツ、プリマス、ロードアイランド、コネチカットなど、異なる植民地の間ではとくに顕著であったが、あとで詳しく述べるように、一つひとつの植民地がホモジーニアスにまとまっていたのでは決してない。各植民地内の実体は、権力や路線の争いによる、対立と反抗の連続であった。神権政治といわれるゆえんは、その時、その場で、衝に当たった支配者たちが、植民地の存立を守るために取らざるを得なかった、神を背景にした強硬な政治手法によるものである。

前に述べたように、ピューリタンという言葉はあったが、ピューリタニズムという理念は存在しない。ニューイングランドの植民の時代に、確かにピューリタンという言葉はあった。それは「堅苦しいことばかり言っている（非現実的な）人たち」とも解せる軽蔑的な用語であったようだ。ピューリタンという言葉は、ウィリアム・ブラッドフォードの『プリマスプランテーションの歴史』の中に、一度だけ出て来る。「さらに、神の真摯な召使を侮るのに、無礼かつ中傷的なピューリタンという名称を彼らに押し付けた[11]」。彼らがピューリタンと呼ばれるのを嫌がっていた様子が分かる。

ブラッドフォードは『プリマスプランテーションの歴史』の中では、これ以外には一度もピューリタンという言葉は使っていないし、またジョン・ウィンスロップの『ジャーナル』には全くこの言葉は出て来ない。もちろん、ピューリタニズムという用語は、どちらにも使われていない。

ピューリタニズムとは、のちの人が、当時の人たちの思想や行動を説明するのに使い始めた用語である。いつの間にか、この言葉は、質素、清廉、潔白、克己、厳格などの徳性を意味するようになった。そして、ピューリタニズムが、アメリカ人の思想の原点にあるとし、この言葉で、植民地時代はもとより、その後のアメリカ人の考え方や行動パターンを説明出来ると思っている人もいるようだ。実のところ、これは、アメリカ人の国造り神話なのである。

本書では、ピューリタニズムという概念は全く使用しない。もともと存在しない概念だからである。強いて言えば、マサチューセッツ始めニューイングランド各地に植民地を開いた人たちは、一癖も二癖もある、反抗的、不寛容の傾向が強かった。新天地に生き方を求めるのは、そういう人が多い。

四　司政官の選挙

マサチューセッツ湾植民地は、機構の上からは、極めて民主的な政治体制を持っていた。王がチャーターで、これほどの自治を認めたことは、特筆すべきことかも知れない。遠く離れた、手の及ばない植民地のことであるから、どうせ直接の管理は難しいし、また会社の主要人物が、準貴族を含む社会的地位の高い人たちであったので、本国の意向に添うように、うまくやってくれると思ったのかも知れない。

しかし、植民地の民主的機構は、一部支配者層の人たちの間だけのことで、一般大衆のものではなかった。ガヴァナーその他の司政官らは、表面民主的手法で選ばれたとは言え、もともと会社の有力な株主で、指導的立場の人たちであったので、それぞれの意向によって、恣意とも言える政治を行った。これは、イングランド本国やヨーロッパ各国でも見られた政治手法であったわけだが、この傾向は、広範なチェックを受けることのない植民地において、一層顕著であった。

一六三〇年、ジョン・ウィンスロップが、エンディコットに代わるガヴァナーとして渡来した。この時から、マサチューセッツ湾の本格的植民が始まった。ウィンスロップが住居と定めたボストンには、人が集まり、この年、イングランド・リンカンシャのタウンの名に因んでこの名称が付けられた。ボストンは、マサチューセッツ植民地の政治の中心となった。

一六三一年、パテントの条項に従って、植民地で初めての選挙が行われた。その時のことを、ウィンスロップは、『ジャーナル』に次のように記している。「ボストンでゼネラルコート。前のガヴァナーが再選された。そして、植民地のフリーマン全員が、この政権に宣誓した[12]」。

一六三二年の選挙でも、ウィンスロップがガヴァナーとなった。この時の事情を、『ジャーナル』はこう述べている。「ボストンでゼネラルコート。当初は、フリーマンがアシスタントを選び、アシスタントがガヴァナーを選ぶ合意がなされていたが、当面、ガヴァナーもアシスタントもゼネラルコートで選ぶ（ガヴァナーは常にアシスタントの中から）ということで全員賛成した。そこで、前のガヴァナー＝ジョン・ウィンスロップが選ばれた[13]」。

このゼネラルコートで、のちに渡来し、強い個性を発揮することになる有力株主、ジョン・ハンフリー、ウィリアム・コディントンが、未到着のままアシスタントに加えられた。

この同じゼネラルコートで、副ガヴァナー＝トーマス・ダドリーが出した辞表が否決され、彼は渋々職に留まった。ダドリーはウィンスロップと仲が悪く、このことが後々まで尾を引いた。

一六三三年、『ジャーナル』に次の記事がある。

「エドワード・ウィンスロー氏がプリマスのガヴァナーに選ばれた。ブラッドフォード氏が十年間ガヴァナーを勤めて来たが、懇願して辞めさせて貰った」[14]。

プリマスの場合、数百人の小さな植民地であったが、諸事多端で、ガヴァナーの仕事も大変だったようだ。ちょうどこの頃、プリマスでは、ロージャー・ウィリアムズの処遇やアイザック・アラトンの後始末のことで、ガヴァナーやアシスタントは追い回されていた。植民地によっては、ガヴァナーは名誉職というより激務で、辞退して罰金を取られることもあったという。しかし、マサチューセッツ湾の場合、有力者が多数いたので、ガヴァナー始め司政官の職務は、しばしば権力闘争の具とされた。

『ジャーナル』の同じ年の項に、ガヴァナーの公の経費として百五十ポンド、職員の給与等の支出に対して、二百から三百ポンドをウィンスロップに支払う決定がなされた、との記事がある[15]。

その年（一六三三）は、ウィンスロップが引き続きガヴァナーを勤めた。

一六三四年。ゼネラルコートに先だち、各タウンから二人ずつ、フリーマンに委任された代議員deputyを集めて、ゼネラルコートで取り上げられる事項について協議させようとした。代議員らは、パテントの条項を確かめたところ、法令を作る権限はすべてゼネラルコートにあるとされているので、ガヴァナーのところへやって来て、その点について意見を求めた。

ガヴァナーの答えは、次の通りであった。「パテントが与えられた時は、フリーマンの数が少なく、全員が集まって法令を作ることが出来ると考えられていた。しかし、現在のように、フリーマンの数が増えて来ると、全員が集まって法令を作り、これを執行することが出来なくなる。そこで、その目的のために、代理人を出すほかないということになる。しかし、当分の間は、そのような仕事に適格な人物が充分にいるとは思われないので、代議員だけで新しい法令を作ったり、課税や土地の配分のようなことをするのではなく、ガヴァナーの諮問によって、これまでの法令に問題はないかを検討させようというものである[16]」。

この頃には、マサチューセッツの人口は、一万人前後となっていたようである。フリーマンの数も数百人に膨れ上がり、一堂に会して法令の審議を行うのが不可能になろうとしていたのである。

この代理人方式は、間もなく制度化され、各タウンでフリーマンによって選ばれた二人ないし三人の代議員が、代議員会 court of deputies を構成、次第に強力な権限を持つようになった。しかし、ガヴァナーやアシスタントの司政官は、毎年、フリーマン全員によるゼネラルコートで選挙した。

その年（一六三四）のゼネラルコートの選挙で、トーマス・ダドリーがガヴァナー、ロージャー・ラドローが副ガヴァナーとなった。

この時のゼネラルコートで、年四回のゼネラルコートのうち、ガヴァナーその他の司政官を選挙する際だけ、フリーマン全員が集合することとし、他の三回は各タウンから代議員だけが集まり、法令を作ったり、土地を処分したりするのに参画することになった。

この年の指導者の交替は、初期のマサチューセッツ植民地の歴史の中で、一つの意味を持つ出来事であったと言えよう。植民地は、機構的には民主的であったわけだが、実状は極めて非民主的、不寛容であった。ウィンスロップの政治運営も、専断的、恣意的であった。渡来前からガヴァナーに推され、支配的立場に立つことを約束されていた彼は、初めは、小さな王国の君主ででもあるかのような感覚でいたようだ。この時の選挙で、ウィンスロップのそのような意識に対する反発が表明されたと見てよいと思う。

一六三五年の選挙で、ジョン・ヘインズがガヴァナー、リチャード・ベリンガムが副ガヴァナーとなった。前の副ガヴァナーのラドローは全く司政官から外された。彼が選挙のあり方について不満を述べたのが反発を招いたという。

エンディコットも司政官に選ばれなかった。彼がイングランドの国旗の中の十字を消したことで、独断だとして訓戒を受け、役職から外される決定がなされたからであった。以前にも、セパラティストの傾向の強いエンディコットのセイレムで、国旗の十字が消されるという事件があった。十字は、ローマ法王から、イングランド王に勝利の標として与えられたもので、迷信であり、キリスト教信仰に反するというのであった。しかし、植民地で勝手にこれを抹消すれば、本国に対する反逆と受け取られかねないと心配する人が多かった。この問題は、その後もしばらく燻り続けたが、やがて忘れ去られた。

一六三六年、ヘンリー・ヴェインがガヴァナーになった。彼は、イングランドの枢密院議員の息子という毛並みのよさで、彼が選ばれると、ボストン港に停泊していた船舶は、祝砲を鳴らして祝意を表した。[17]

この時、ヴェインは二十三歳であった。この若さで、世の中のことがどれだけ分かっていたか怪しいものだが、宗教的には純粋であったようで、あとで述べるアン・ハッチンソンらアンティノミアンに好意的であったために、他の有力者と対立、翌年の選挙ではすべての役職から外され、間もなくマサチューセッツを去り、イングランドへ帰って行った。

ヘンリー・ヴェインやジョン・ヘインズは、ミスターMr. ではなく、エスクワイア Esq. の称号を付して呼ばれる。ジョン・ウィンスロップにも Esq. が付せられる場合もある。彼らは、イングランド本国では、貴族に準じる身分の人たちであった。本国での社会的地位は、植民地でも最初の頃は、それなりに評価されていたようだ。

一六三七年の選挙は紛糾した。選挙のために開かれたゼネラルコートで、選挙に入る前に、一部の人が提出したジョン・ホイールライトに科せられた懲罰を取り消すようにという請願書を読むか読まないかで、二派に分かれて対立した。ホイールライトについてはあとで述べるが、アン・ハッチンソンの義弟で、いわゆるアンティノミアンであった。ハッチンソンらに好意を持っていたヴェインは、請願書を読むのに賛成した。

その時点では、まだガヴァナーの職にあったヴェインは、職権で請願書を読み上げようとしたが、反対派に阻止され、結局、多数に押し切られて選挙が行われた。この選挙で、ウィンスロップがガヴァナーに返り咲いた。ダドリーが副ガヴァナーとなり、エンディコットも司政官に戻り、軍事上の重要な地位が与えられた。ヴェインは、同じくアンティノミアンに好意的であったウィリアム・コディントンと共に、すべての役職から外された。

この時のゼネラルコートは、かなり荒れたらしく、ウィンスロップはその模様を次のように記している。

「その日は大騒動の危険をはらんでいた。反対派の連中は激しく声を荒らげ、中には相手の頭を殴りつけようとする者もいた。しかし、やがて自分たちが不利だと知って、静かになった[18]」。

一六三八年、ウィンスロップが引き続きガヴァナーとなった。

一六三九年。この年もウィンスロップがガヴァナーに選ばれた。

この選挙の際のゼネラルコートで、ちょっとした騒ぎがあった。その一つは、アシスタントの数が足りないので、三人を補充したいと提案したところ、その中にウィンスロップの義弟エマニュエル・ダウニングが含まれていたので、これではウィンスロップの権力が一層強くなると警戒したコートは、「これが彼（ウィンスロップ）の派閥の強化につながるとして、（ダウニングが）有能なのは分かっているが、彼を選ばないことにした」。

もう一つは、新しいタウンが次々に出来て代議員の数が増えたので、一タウン当たり二名に制限する提案がなされた。これに対してコートの中には、「これは自分たちの自由の侵害である」として反対する者もいたが、司政官らは、「自由は数によって成り立つのではなく、事柄によって決まるのだ」と説得、結局この提案は可決された[19]。

一六四〇年、トーマス・ダドリーがガヴァナーになった。ダドリーが選ばれるについて、次のような経緯があった。

「この選挙に先立ち、若干のトラブルがあり、難しい問題を経験した。というのは、長老の多くが、協議の末、ひとりの男が長い間同じ職に留まっていると、終身職にもなりかねず、延いては世襲ということにならぬとも限らぬ、との心配を表明した。とくにこの紳士（ウィンスロップ）のように優れた知恵を持ち、信仰篤い人で、植民地のためにすばらしい仕事をしている場合は、ましてのことである。

そこで、長老らはボストンに集まり、代表がガヴァナー（ウィンスロップ）に会って、彼らの意向を伝えた。そして、同時に、彼らはガヴァナーを心から敬愛している旨を付け加えた。

ガヴァナーは、この申し入れを快く受け入れ、これに同意した。そして、彼としてはもっと自由が欲しく、やりたいこともたくさんある、皆も知っている通り、最近、農地の管理を任せていた管理人が、彼の知らないうちに、二千五百ポンドの負債を背負い込む始末であった、などと述べた。

彼らはこれを聞いて、各タウンからボランティアの寄付を募り、負債を軽減してあげようということになった。コートは（支出出来る金はなく、むしろ借金が多いくらいだが）、ウィンスロップの妻に三千エーカーの土地を与えることにした。献金については、タウンの中には募金に応じるところもあったが、約束だけで実行しない場合が多く、大部分は何もしなかった。集まった総額は五百ポンドにも及ばず、その半分はボストンからであった。ニューベリーの紳士リチャード・ダマー氏が、個人的に一層の協力を申し出て、一人で百ポンドを寄付した[20]」。

このダマーという人は、アシスタントを勤めたことがあるが、宗教的路線ではウィンスロップと反対の立場を取った。ロックスベリーに水車を作ったという記録もあるから、実業家タイプの人であったのだろう。

この話は、ウィンスロップが自分のことを言っているので、その点割り引きしなければならないが、当時の事情を知る上で参考になる。第一に、同一の人物が、長期間政権の座に座っているのは弊害があると住民が気付き、直接申し出たことである。民衆は、イングランドの王制と異なる政治体制を望んでいたのである。

もう一つは、ガヴァナーが仕事に熱中して借金を負う羽目になったのを、カンパをして補填してやろうとしたのに、大した額が集まらなかったことである。ウィンスロップの人望は、実際にはどんなものだったのだろうか。それにしても、彼の妻が三千エーカー（一エーカーは四・〇四七平方メートル）の土地を与えられたというのは、さすがに初期の植民地ならではのことであろう。

一六四一年、リチャード・ベリンガムがガヴァナーに選ばれた。ベリンガムについてはあとで述べる。

一六四二年、ウィンスロップが再びガヴァナーに選ばれ、エンディコットが副ガヴァナーとなった。この選挙でも、ちょっとしたトラブルがあった。以前にガヴァナーを勤めたダドリーが、アシスタントに選ばれたのに、これを断って立ち去ったというのだ。彼は、その理由を親しい友人に漏らしたということだが、公にはされなかった。恐らくウィンスロップに対して含むところがあったのだろう。結局、他のアシスタントが彼の家を訪ね、説得したところ、ダドリーは選挙の結果を受け入れた。

一六四三年、ウィンスロップが重ねてガヴァナーになった。

選挙に先立って、ローリー（マサチューセッツ東北部のタウン）の教会の牧師が、飛び入りの説教をした。この説教の中で、牧師は、ガヴァナーには充分資質のある人を選ぶべきで、同一人物を二度選ぶようなことは決してすべきでないと、「耳を覆いたくなるような激烈な口調」で述べた。[21]

この牧師は、代議員を含む一団のフリーマンらが呼んだのだという。恐らく、ウィンスロップに不満を持つ者らの仕業であったのだろう。ローリーは、コネチカットのニューヘイヴンに入植する予定であった人たちが、マサチューセッツの方がよさそうだと、この地にやって来て作ったタウンであった。牧師はその指導者の一人で、ローリーに定住した後、タウンの境界線に絡んでゼネラルコートに文句をつけ、癇癪を起こして顰蹙を買った男であったという。

一六四四年、ジョン・エンディコットがガヴァナーに、ウィンスロップが副ガヴァナーに選ばれた。エンディコットは、一六二九年、ウィンスロップ到着前に、臨時のガヴァナーを勤めたが、正式に選挙されたのは、これが最初であった。彼は、その後も数回ガヴァナーに選ばれた。

一六四五年の選挙では、トーマス・ダドリーがガヴァナーに返り咲いた。ウィンスロップが副ガヴァナーになった。エンディコットは軍の総司令官になった。

一六四六年の選挙に当たって、セイレム教会のノリス牧師が説教をした。選挙説教が定着したようだ。ウィンスロップがガヴァナーとなり、前のガヴァナーのダドリーが副ガヴァナーになった。

エンディコットは軍の総司令官となり、ハーバート・ペルハムと共に植民地連合の委員（コミッショナー）を兼ねた。植民地連合の委員は、この時までは、司政官と代議員で決めていたが、フリーマンの間に、これは植民地全体に係わる重要な役職だとの意見が強く、ゼネラルコートで選出することになった。

一六四七年、ウィンスロップが引き続きガヴァナーとなった。この時の投票では、ウィンスロップの得票は、他の誰よりも二、三百票多かったという。司政官も一人が入れ替わっただけで、大した変動はなかった。

この選挙を前に、反対派が、別にガヴァナーを選び、司政官も入れ替える画策をしたが、成功しなかった。

一六四八年、ウィンスロップがガヴァナー、ダドリーが副ガヴァナー、エンディコットが軍総司令官で、植民地連合の委員となった。この選挙の時も、チャールスタウンの牧師が説教をした。

ウィンスロップは、一六四九年に死去するまで、マサチューセッツ湾植民地のガヴァナーであった。ウィンスロップは、イングランドを出港してから死去する間際までの体験を『ジャーナル』に残した。もちろん、記録には、ウィンスロップなりの偏見があり、自己讃美的とも言える記述がないではない。しかし、彼は、公正を期するよう努めたと見てよい。ブラッドフォードの『プリマスプランテーションの歴史』と共に、ウィンスロップの『ジャーナル』が残っていなかったら、植民地時代の実情を、これほど鮮明に知ることは出来なかったであろう。

第二章　権力と自由との抗争

――新しい体制への苦難の始動

牝豚事件とヒンガム事件

ニューイングランドのイギリス人植民地は、イングランドの出先である反面、本国から直接の支配の及ばない独立した行政区域でもあった。植民地のこの二面性は、時々の事情によって、様々な形を取って現れた。司政官らの権力の強大化に不満を持つ人たちは、むしろ本国からの干渉を期待した。王や議会に訴願を企てる者もいた。

しかし、植民地の大勢は、出来るだけ本国からの干渉を受けないで、独自の政治体制を維持しようとした。イングランド本国は、王政という動かし難い体制に加え、議会があり、植民地はその動向には気を使った。サムエル・ゴートンのような、植民地と本国に跨がる異端的人物の処置には、本国の意向を無視することは出来なかった。しかし、往来するのに数か月を要する本国と植民地の間では、当然ながら政治的相互依存性は薄くなり、しかも、本国に何らかの不満ないし不安を抱いて渡来したピューリタンの多くは、イングランド本国とは異なる政治体制を望んだとしても不思議ではない。

マサチューセッツ湾植民地の場合、パテントに基づく司政官に加えて、間もなく、各タウンからの代表である代議員が政治に参画するようになり、互いにチェックし合う制度が作られた。しかし、どんな制度でもそうであるように、この権力の分割の制度が、初めからうまく機能したわけではない。司政官も代議員も、共にフリーマン（このフリーマンの枠組みは次第に崩れて行った）によって選出されたにせよ、政治執行者としての司政官は権力者であり、民衆の代表である代議員は、民衆の自由を守り、自由の枠を広げたいとする立場にあったため、両者はしばしば対立した。

この対立の様子を、「牝豚事件」と「ヒンガム事件」を通して見てみることにする。

1　些細な原因の大事件——牝豚事件

牝豚事件という、面白い、しかも重要な意味を持つ事件があった。ウィンスロップの言葉によると、「極めて些細な原因による大事件[1]」であった。

事の起こりは、一六三六年、ボストンで迷ってうろついていた一匹の牝豚が、キャプテン＝ケインのところへ連れ込まれて来たことにあった。ケインは持ち主を探し、数人の人が見に来たが、誰も自分のものだとして引き取る者がなかった。彼は、家の庭に自分の豚と一緒にこれを飼っておいた。一年近くして、シャーマンという男の妻がその牝豚は逃げ出した自分のものだと言い出したが、すぐには受け取りに来なかった。そうしているうちに、ケインは一匹の牝豚を殺して食用にした。ところが、そのあとで牝豚を受け取りに来たシャーマン夫人は、付けていた印が違うので、ケインが殺したのは自分の豚であったに違いない、と言い出した。話はボストン中に広がり、騒ぎは大きくなった。そして、これは犯罪事件だということになり、教会の長老の前に持ち出された。そして、多くの証人が証言をし、ケインには罪はないとされた。

ここで、ちょっとだけケインという人物を見ておこう。ロバート・ケインは、キャプテンというから、民兵の指揮に当たる隊長のような役目の人であったと思われる。一六三七年のアン・ハッチンソンにからむアンティノミアン騒動の際、彼女の義弟ジョン・ホイールライトを支持する申し立てをした者たちが、銃器類の提出（一時的武装解除）を命じられた時、武器の預り人がキャプテン＝ケインであった。

また、ジョン・コットンの項でも触れるように、ケインはかなり手広く商売をしていて、輸入品を原価に法外な上乗せをして販売していたとして、不当利得の廉で罰金刑に処せられた。これが、コットンによる商業倫理提言の端緒となった。このようなことから、ケインは一般の人たちに余り好意を持たれていなかったようだ。

ケインが無罪とされたことに、シャーマン夫人は納得せず、彼女の家に寄留していた若いロンドン商人（シャーマン氏はイングランドへ行って留守だった）に唆され、（この二人は疑わしい生活をしているとして、ケインの訴えでガヴァナーに呼び出されたことがあった）ボストンの下級のコートに事件を持ち込んだが、ケインは再び無罪となった。そこで、ケインは夫人とこの男が、彼が豚を盗んだと申し立てたことを告発し、損害賠償を求めた。

滞在中のロンドン商人は、ボストンや周辺地域で、迷い豚に関する情報を集めて回った。すると、一人の男が、以前にシャーマンに対して不利な証言をしたのは偽証であったと告白した。そこで、夫人とこの商人は、シャーマンの名で、ゼネラルコートに事件の再審を訴え出た。それが認められて、ゼネラルコートは再審を開始した。七日間をかけて、証人調べが行われた後、意見の取りまとめに入った。しかし、容易に結論には至らなかった。というのは、九人の司政官と三十人の代議員がいて、判決には双方の多数決を必要としたが、それが原告側にも被告側にも得られなかった。二人の司政官と十五人の代議員が原告（シャーマン）を、七人の司政官と八人の代議員が被告（ケイン）を支持したが、七人の代議員はどちらとも決しかねた。大いに議論が戦わされた。「争点は事件の難しさに起因するもので、証人の反対尋問の際にも、偏見を持っている者もいて、それが証人の判断を誤らせ、証拠の真実性や事の経緯を明らかに出来なかった。原告側の証人は、どれも蓋然的な内容の証言をするだけで、それが真実だと誓っても、豚が原告のものだと断定することは出来なかった。一方、被告側の証人は、確かな記憶と、確かな根拠に基づいた、確かな証言をした。これらの証言が真実であるならば、豚が原告のものであるはずがない。その上、シャーマン夫人は豚の印について宣誓しているが、ケインとその妻（極めて信仰深く節度ある婦人）はそれを否定している。コットン氏によれば、法令の定めは、他人の物に手を触れていない時はその旨宣誓することになっていると説明しているが、この事件では双方共に、公開のコートで、神の前にいるのと同じ厳粛さをもって、自分たちの無罪を宣誓しているのだ。さらに、このように疑わしい事件の場合は、被告の合法的占有が、原告のあやふやな主張に優先すべきものだ。ところが、被告は、商売上あこぎな取り引きをしているとして評判が悪い。彼は以前にそのことでコートと教会から訓戒の処分を受けており、考えの浅い人たちには彼に反対の気持ちが強い。実のところ、彼は非難を受けても仕方がない。植民地の中では、同じようなことをした人は他にも多くいたのだが、彼のように咎められなかっただけだ。しかし、誰にも取り柄はあるもので、彼は人付き合いもよく、その他植民地では大いに役に立っている。それでも、一匹の蝿の死骸が、どんな良質の軟膏でも駄目にするのだ」[2]とウィンスロップは記している。

原告側の強硬な申し立てにより、植民地内では、事件はケイン側の不利に展開すると期待した。しかし、結果が逆になったので、多くの人が、コート、とくに司政官は信用出来ないと言い出した。つまり、司政官らの反対票が公正な裁判を阻害したというのである。そこで、司政官らの反対票による否決権をなくすことが必要だとの声が強くなった。

この事件は、実に些細な原因で起こったにしろ、常々司政官の専横を快く思っていなかったマサチューセッツの人たちに、一層の不信感を喚起することになった。彼らが一番問題にしたのは、彼らの代表としてコートに出している代議員の声が、司政官のそれに比して軽視され、民衆の意向が反映されないという点にあった。

ゼネラルコートは、この問題を解決する必要性を認め、一六四三年、次のような展開となった。

「牝豚事件は、ゼネラルコートにおける司政官の否決権について一つの問題を提起した。代議員の多数は、司政官による否決権を廃止するよう、強硬に主張した。これに対し、司政官の一人が論文を発表し、パテントに基づく否決権の由来を説明、一六三四年のゼネラルコートの訓令によりそれが確立したこと、さらにそれが我々の政府の基本となっていることを明らかにし、もし廃止されることになれば、単なるデモクラシー(放任主義)に陥ってしまうことになるであろう、と警告した。彼は、聖書、常識、慣行に言及しながら、否決権の必要性と有用性を論証した。しかし、代議員や一般の民衆はこれに耳を貸そうとせず、その撤回を求めた。しかし実のところ、(代議員自身も告白しているのだが）大ていの人たちは何が何だか分かっていないのだ」[3]。

この論文に対して、（多分司政官の一人による）反論が書かれた。これはパテントからも訓令からも議論を逸らし、代議員らに好意的に書かれていたので、代議員らはこれを活用し、直ちに問題に決着を付けるよう迫った。しかし、司政官らは、この問題は極めて重要であり、政府の機構そのものにも係わることであるとし、現在の制度は長老全員の真剣な協議の末合意されたもので、この十四年間、全く不都合なく、何の支障もなく続けられて来たのであり、このように性急に、また長老らの意見も聞かずこれを改めるのは危険であり、批判を受けることにもなろうと説明、もし意見を聞き、検討を加えた上で、この制度が不都合で、パテントにも前の訓令にも縛られないということであれば、司政官も一体となってこれを廃止するのに吝かでないと述べた。

この提案により、代議員らも静かになった。そこで、次のような訓令が出された。すなわち、コートの全員が意見を表明することとし、何人も公にまたは個人的に、どのような意見でも節度をもって述べれば、責任を問われることはない。また長老らも次のコートまでに意見を述べること、というものであった。

司政官らがもくろんでいたのは、時間を稼いで、その間に皆の熱気が冷め、冷静に理非に耳を傾け、長老の意見を受け入れる余裕が出るようにすることであった。

長老の一人が短い論文を書き、この問題を学問的、宗教的に論じ、政府の形態で単純なものや複雑なものの数例を挙げ、我々の政府の真の在り方、またもし否決権が廃止されたら、間違いなくデモクラシーの方向へ移行すること、などについて述べた。そして、反対意見にはそれぞれ反論をし、結論として、現在の方式を続ける方がよいとした。この頃になると、代議員らも民衆も熱気が和らぎ、正しい判断が出来るようになって、事態は落ち着いた。否決権に反対の論文を書いた人も、それ以上の動きは見せなかった。

しかし、司政官による否決権の問題はその後も尾を引き、代議員の権限の強化を求める民衆の要求は無視出来なくなった。

一六四四年、ゼネラルコートは、代議員の動議により、コートを二つに分け、司政官は司政官だけで、また代議員は代議員だけで、別々に協議を行い、一方で合意した案件は他方へ送られ、そこで合意が得られれば成立する、ということに決まった[4]。これで、否決権に関する対立は、一応の決着を見ることになった。

ここに、現在のアメリカ合衆国の二院制の原型みたいなものが出来たわけだ。もちろん、当時の司政官は、政治の執行に当たる行政官でもあった。代議員は、これまで司政官の権限であった立法、司法に発言権を得、かつ行政をチェック出来る権限が与えられたのである。

しかし、次に述べるヒンガム事件に見られるように、司政官と代議員の間の関係が、直ちにスムーズに行くようになったわけではない。牝豚事件という取るに足らない出来事が、植民地の政治の流れの、一つの転機となったというわけである。

この騒ぎで、事件自体はうやむやになったようだ。

2　司政官への挑戦──ヒンガム事件

一六四五年のゼネラルコートに、ややこしい問題が提起され、その処理には数か月を要した。少々入り組んだ話だが、植民地の当時の模様を知る上で参考になると思うので、ウィンスロップの記録に従って、その全容を述べてみよう。

ヒンガム（ボストン南部のタウン）のエミズという男は、七、八年間タウンの民兵の副隊長をしていたが、隊長に昇格させようとする一部の動きがあり、政府へ申請された。

植民地の軍隊は正規兵ではなく、民兵によるものであった。軍隊の指揮権は植民地政府が握っていて、必要の際には各タウンに人数を割り当て、兵士を徴集した。各タウンの民兵組織は、日本の田舎の村の消防団みたいなもので、それぞれ隊長（キャプテン）がいて、ときどき、常々生業に就いている隊員を召集して訓練した。植民地では、防衛はとくに重要であったから、各タウンの隊長の選任には政府の承認を必要とした。ヒンガムの事件はこのような事情の中で起こった。

エミズを隊長にしようという動きに対して、ヒンガムの住民の多くが反対し、別にアレンという男を隊長に推薦、司政官数人に申し入れた。これを聞いた司政官の数人は、エミズには長い間の経験があるのに、アレンには何の技倆も認められないとして、アレンの任命に難色を示し、コートの決定が出るまで、これまで通りで行くよう申し渡した。

彼らはタウンに戻って来ると、アレン派の人たちだけで窃かに会合を開き、司政官の意向を無視、アレンが軍を召集、訓練を始めようとした。これを知ったエミズは、訓練は自分がやると言って出て来た。しかし、アレン派はこれに従わず、両派は激しい争いとなった。アレン側はエミズに、いさぎよく退けと司政官が言ったはずだと嘘を言って詰め寄った。ある者は、司政官に何の係わりがあるかと反論した。さらに、それは三、四人の司政官が言ったことで、全員がそこにいたら、エミズに賛成する司政官よりも、アレンを推す司政官が多かったに違いない、と言う者もいた。アレン派の一人は、自分のタウンの軍の指揮者を自分たちで決められないのなら、剣にかけて死んでもよいと公言した。彼らの仲間が票決を主張した。

票決の結果、アレンが多数票を得、アレンはこれを受け入れた。そして、二、三日間民兵の訓練をした。一方、エミズに従ったのは三分の一程度であった。

エミズは、公の場で、司政官から職を退くよう忠告されたという事実を否定し、そのような報告をした者が嘘をついたのだと主張した。そこで、彼は、次の安息日に、教会で、そのことについて弁明するよう求められた。そこでも彼は同じことを主張した。

牧師のハバート氏（アレン派の主謀者三兄弟の一人）が、エミズを直ちに破門に処すべきだと主張したが、反対意見があって持ち越しになった。

エミズとタウンの重立った者三、四人で、新しく選出された司政官四人を訪ねて、これまでの経緯を報告した。四人の司政官の中には副ガヴァナー（ウィンスロップ）、軍総司令官（エンディコット）が含まれていたが、彼らは会合を開き、協議をした。そして、事件を検討したところ、アレン側に非があるとして、保安官に令状を出し、主謀者（ハバート牧師兄弟三人と他の二人）をボストンに連行させ、次のコートに出頭するよう担保を取った。

コートの日、ハバート牧師は他の者よりも前に司政官のところへやって来て、告げ口をした者を罵り、自分ら兄弟を保安官に連行させたのは侮辱だと、激しい言葉で詰め寄った。その剣幕に、司政官の一人は、この男が聖職者でなければ逮捕も辞さないのにと言ったほどだった。牧師のあとからやって来た仲間の者も、それぞれ司政官の仕打ちを非難した。

エミズに職を退くようにと司政官が言ったと証言した者も呼び出されて弁明を求められた。彼らは、副ガヴァナー（ウィンスロップ）が一人でいるところへやって来て、彼らを召喚した理由や、誰が彼らを告発したのか、などと詰問した。副ガヴァナーは彼らが誤っている点を認めさせようとしたが、無駄だった。そこで、彼らに次のコートに出頭するよう担保を求めた。彼らはこれを拒否したので、逮捕された。

ハバート兄弟と逮捕された他の二人は、ハバート牧師に引き連れられてヒンガムからやって来た九十人と共に、ゼネラルコートに告訴状を提出した。その内容は、ゼネラルコートの権限、住民の自由ならびに教会の自由について意見を述べたことにより、数人の司政官によって出頭を求められたり、逮捕された者がいるが、このことにつきコートで正式の審議を要求するというものであった。

この告訴状は最初に代議員会に提出された。代議員らは、この事件を審理することについて司政官の同意を求めた。司政官らは、自分たちに関係のある問題であるのに、相談もなしに代議員会が告訴状を受け取ったのに驚き、告訴人らが、司政官のうち誰の責任を追及しようとしているのか、特定するようにと返事をした。

告訴人の代理人はヒンガムのタウンから出された代議員であった。彼は他の告訴人らと話し合い、被告人を副ガヴァナー（ウィンスロップ）一人とすることとし、告訴状に署名した者のうち二人が告発人となった。これが司政官側に伝えられると、一人の司政官が犯罪事件で審問されるということが、いかにコートの権威と名誉を害うことになるか、代議員らは配慮すべきだと希望した。しかも、問題にされていることは司政官の職務としてなされたことで、刑事事件として責任を取るようなことではないのに、根拠のない流言に代議員らや植民地の人たちが惑わされているのだ、との意見が強かった。

ウィンスロップは、他の司政官らのためにも、事件を公に審理し、事の是非を明らかにすることを希望した。

指定された裁判の日がやって来た。コートはボストンのミーティングハウスで行われた。多くの長老も出席、たくさんの人が集まった。副ガヴァナーは他の司政官らと一緒に入って来たが、彼は下段の被告席へ行き、そこに座って帽子を脱いだ。コートの中には、司政官の彼がそんな場所に座るのはおかしいと言う人もいた。多くの人が心を痛めた。しかし、副ガヴァナーは、刑事事件で告発されているのだから、判事の席に座るわけには行かない（司政官は司法権も持っていたので、裁判では判事となる）。また、判事席に座ったとすれば、彼にとっては大きな不利となる。被告席でこそ許される弁明の自由がなくなるからである、と述べた。

告訴人らが告訴内容について述べた。これを受けて、副ガヴァナーは許しを得て発言した。それは次のようなものであった。

彼としては、これほど正義に係わる、公共の関心のある事件について弁明するのに、同僚の中から一人だけ選び出されたことを、決して恥とは思わないし、むしろ名誉だと受け取っている。そして、彼は以下の理由で彼らの告訴に反対し、法的に異議を申し述べることも出来た。つまり、①不公正だとして刑事的に彼の責任になることは何もない。②もし彼が事件の取り扱いに誤りがあったとしても、それが不法あるいは悪意によるものでない限り、判事が犯罪人として裁判に付せられることはない。③コートの職務として四人で行ったことについて、一人だけが裁判にかけられるとは、正当な弁明の手段を奪うものである。一人でなした場合は正しくないとされることも、四人で行えば正当とされることが多くある。――しかし、彼はこれらの異議申し立てをしないで、個々の告訴事項について弁明をし、事件の真相ならびに経緯を、皆の前で明らかにしたい。[5]――

そこで、コートは、事件全体について審議を進めることになった。副ガヴァナーは、彼の責任とされる一つひとつの件について、その正当性を主張した。つまり、現地トンガムにおける反乱的な動き、公然たる平和の撹乱、政府の権限の軽視等についての信頼出来る情報に基づき、令状をもって治安官に主謀者らを連行させ、あるいは召喚し、またはコートへの出頭を命じ、これに従わない者を逮捕した事情を説明、これはすべて植民地に確立された法令、イングランドの法令と慣習、ならびにこの十五年間我々が絶えず行って来た慣行に従った公正な措置であった点を強調した。その他、彼が告訴人らに言った言葉に不適当な内容があったとの告発に対しても、理由を挙げて反論した。

司政官のうち二人と、代議員の多くは、司政官の権限が強過ぎて、住民の自由が危険に晒されているとの意見であった。

これに対し、司政官の大部分と、かなりの数の代議員は異なった見解を示し、実際のところ、政府の権威が極めて軽視されており、早く手を打たないと植民地全体が危うくなり、単なるデモクラシーに陥る恐れがあると主張した。両派は、それぞれ自分側に都合のよい証拠や証言を持ち出し、公の場にはふさわしくない興奮と激論が二日間続いた。その後、司政官と代議員の代表者による委員会を作って、問題点の整理を行うことになった。

問題となる点が絞り込まれると、司政官側と代議員側が別々に審議することになった。最初は代議員会が審議をしたが、丸一日をかけても何の結論も得ず、司政官の意見を求めて来た。司政官会は審議の末、次の四点について合意した（副ガヴァナーは意見を述べるのを差し控えた）。①告訴は虚偽と悪意に満ちたものである。②出頭を命ぜられた者、およびヒンガムの騒乱に係わった者は全員、程度の差こそあれ犯罪人である。③これらの者および告訴人は処罰されるべきだ。④副ガヴァナーは無罪とし、名誉回復がなされるべきだ。[6]

この結論が代議員側に伝えられると、数日をかけて議論、二度三度と司政官側とやりとりがあり、告訴が虚偽と悪意によるという点は認めたものの、懲罰については同意しなかった。司政官側は懲罰を強硬に主張し、かつ副ガヴァナーの完全な無罪を要求した。代議員側はなおも自説に固執したが、五月十四日に始まったコートが（一週を除いて）七月五日まで続く有様で、次第に疲労の色が濃くなった。代議員会は、関係者に少額の罰金を払わせる一方、エミズには重い罰金を課し、ヒンガムの訓練に参加した者全員に、コートの経費を負担させるという譲歩した提案をした。

司政官会は、このように明らかに正義に反する提案には同意出来ないとして、教会の長老らの調停を求めることを提案した。ところが、長老らの多くは、司政官の名誉と権威を尊重すべきだとの意見だったので、代議員らは不利を悟ったが、司政官と代議員の意見が一致しない時は、コートの指示により、仲裁人に事件を付託することになっていたので、仲裁人を選任することになった。

司政官は隣接のタウンの教会の長老の中から六名を選任し、司政官の中から三名ないし四名を出すこととし、代議員らにさらに六名を指名するよう求めた。代議員らは、今や追い詰められたのを知ったが、長老らに事件を任せるわけには行かないと、彼ら自身の中から六名を出して、司政官と協議をさせることになった。司政官らはこれを受け入れ、協議の結果、ようやく次の結論に達した。

告訴の首謀者、および騒乱に係わった者は重い罰金に処する（罰金は合計五十ポンドを超えないこと）。他の告訴人は、コートの経費として、さらに五十ポンドを平等に振り分け負担すること（首謀者の二人はタウンからの代議員であり、ハバートが二十ポンド、アレンが五ポンドの罰金。エミズ副隊長は訓戒処分）。副ガヴァナーについては、告発されたすべての事項について、法的かつ公に無罪放免とする。

この合意に基づき、七月三日、ミーティングハウスでゼネラルコートが再開された。牧師による説教ののち、司政官と代議員はそれぞれ自分の席に着き、多くの人が集まった。副ガヴァナーは審問の時と同様、被告席に座った。

ガヴァナー＝ダドリーが判決を言い渡した。副ガヴァナー＝ウィンスロップは、無罪の判決を受けると、促されて上段の司政官の席に戻った。ゼネラルコートの閉会に先立ち、ウィンスロップは許しを求めて発言をした。『ジャーナル』には、その発言の全文が記録されているが、その要点は次の通りである。

――私はコートの公正さに感謝し、公の場で告発され、公の場で法的に無罪とされたことは、私が予期し、かつ希望していたことであり、満足している。これは、人間の前では、私が間違っていなかったことを証明するものではあるけれども、神の前ではそうは言えないのである。神は、私の（この事件においても）職務の処理に誤りがあったことを照覧され、謙虚になることを求められているのである。……もし父が娘の顔に唾を吐きかけたら、娘は七日間それを恥とすべきではないか。理由はどうであれ、恥は娘にあるのである。

植民地を悩ませて来た大きな問題は、司政官の権限と住民の自由に係わることであった。我々をこの司政官の職に当てたのは、あなたがた自身である。我々は、あなたがたに召されたことによって、神により、掟として、権威が付与されたのである。神が自らの姿をはっきりとその上に刻印されたものであり、これを侮辱し侵害するものに対しては、神は怒りをもってこれを擁護される。

あなたがたが司政官を選ぶに当たっては、あなたがた自身の中から、あなたがたと同じ情熱を持つ人を選ぶ。それ故、我々に欠点がある時は、あなたがた自身を振り返って貰いたい。自分自身にも、他の誰にも、同じように欠点があることを常々経験しているならば、我々に対しても一層寛大となり、あなたがたは司政官の失敗に対する厳しい糾弾者とはならないだろう。

自由というものに関して、植民地の中には誤解が見られる。自由には二つの面がある。自然的自由（我々の本性は腐敗している）と、市民的ないし国家的自由である。自然的自由は、野獣などの生物と人間と共通のものである。これにより、人は単に人との関係にあって、自己の欲することをする自由を持つ。これは善をなす自由でもあり、また悪をなす自由でもある。この自由は、政府権力とは矛盾し、両立しない。そして、最も正当な権力による、どんなに小さな制約をも我慢しようとしない。この自由を保持し続けようとすれば、人は一層邪悪となり、やがて野獣にもまして獰猛となる。これは真理と平和に対する大敵であり、野獣と同じく、神の掟を捩じ曲げ、制限し、抑圧するものである。

もう一つの自由を、私は市民的あるいは国家的自由と呼ぶ。これはまた、道徳的自由と呼んでよいだろう。この自由は道徳法においては、神と人との間の契約として、また人間同士の間では、政治的契約および社会構造として存在する。この自由は、権力の固有の目標であり、権力なしで存続することは出来ない。これは、善、正義、公正のみに対する自由である。この自由こそ、あなたがたが守るべきもので、必要があれば（財産ばかりでなく）命をも賭けるべきものである。これを妨げるのは、権力ではなく、その混乱なのである。この自由は、権力への服従という方法で維持され、行使される。それはキリストが我々を自由にしたのと同じ種類のものである。女は自分の選択により一人の男を夫にする。しかし、男はこうして選ばれることで、彼女の主人となり、彼女は彼に従属することになる。しかし、それは自由の形においてであり、奴隷としてではない。真の妻は、この服従を名誉であり自由であると考え、主人の権威への服従においてでなければ、彼女の状態が安全で自由であるとは思わないであろう。それが、女にとっては、王であり夫であるキリストの権威の下にある教会の自由の如きものなのである。キリストのくびきは彼女には花嫁衣装のようにやさしく快いものである。

……そのようなのがあなたがたとあなたがたの司政官の関係と言えるだろう。もしあなたがたが自然的な堕落した自由にしがみつき、自分の目によく映ることだけを行うならば、権力の僅かな重みにも堪え切れず、不平を言い、反抗し、常にそのくびきを払い退けようとすることになる。しかし、キリストが示されたような市民的、合法的自由の享受に満足するならば、あなたがたのために行使される上からの権力の支配に対して、冷静かつ快活に身を委ねることになろう。そこにおいて、もし我々に過ちを犯すことがあれば、(神の助けにより)誰からの忠言にも耳を傾け、また神が示す他のどのような道でも守りたいと思う。そうすることで、あなたがたの自由が保持され、あなたがたの間に、権力の名誉と権能が保証されるのである。[7]——

ウィンスロップは、この記録を残すに当たり、次のように付け加えている。

「この事件に係わる一連の騒動を振り返ると、いくつかの問題点が挙げられる。重要な点を書き残しておき、サタンがどのような手を使ってニューイングランドの植民地とキリストの教会を破滅させようとしているか、またいかに賢くて信心深い人でも、誘惑に遭えばどのように錯乱するかということを、我々の子孫や他の人たちが忘れることのないようにしておきたい。

代議員の中には、司政官が自分勝手な政治運営をし、何の制限もなくやりたいことをやる無限の権力を持ち（あるいは持とうとし）、その目的で彼らがゼネラルコートでの拒否権を守ろうと懸命なのだと、本気で考えている者がいる。このことが、司政官の言動のすべてを（彼らの意見と完全に一致しなければ）専横だとし、それ故に代議員の間に恐れと反発が日ごとに強まっている。これを取り除くために、代議員らは非常手段に訴えることも不法ではないと判断したのだ。民衆の福祉が何にもまして大切だとして、司政官は結局のところ単なる執行機関に過ぎず、立法、司法、行政の権限はすべて住民によって、住民の代表機関（代議員のコート）において行われるべきであるというのである。
……彼らが取った行動は、司政官の権威を弱め、評判を落とそうとするものであった。

このような中でヒンガム事件が起こった。彼らはこの機会をとらえ、これを最大限に利用しようとした。彼らは、司政官が権限を悪用していることや、また彼らの権力が住民の自由とは両立しないほど強力になっていることを、住民の前に見せつけようとしたのであった[8]」。

この事件は、一応司政官側の勝利に終わった。しかし、住民、およびその代表の代議員会が侮り難い力を持つようになったのを示す結果ともなった。ウィンスロップのように、創設の時から会社を支え、何度もガヴァナーを勤めたほどの人が、後からやって来た住民らによって、ゼネラルコートの被告席に座らせられることになったのである。

ヒンガムは、一六三五年に作られたタウンであった。しかし、それより前にも小さな集落はあったようで、一六三四年、ゼネラルコートが、警備その他の費用として、六百ポンドの賦課を各タウンに割り当てた時、ボストン、ドーチェスター、ニュータウンの各八十ポンド、ロックスベリーの七十ポンドなどに対して、ベアコーヴ四ポンドとなっていた。ベアコーヴがのちのヒンガムである。

また、一六三七年、ピークウォット戦争に、百六十人の兵士を増援することになった時の各タウンに対する兵士徴集の割り当ては、次の通りであった。ボストン二十六人、セイレム十八人、イプスウィッチ十七人、リン十六人、ウォータータウン十四人、ドーチェスター十三人、チャールスタウン九人、ニューベリー八人、ヒンガム六人、ウェイマス五人、メドフォード三人、マーブルヘッド三人。当時のタウンの規模を知る上で参考になろう。

ヒンガムはプリマス植民地との境界にあり、領地の問題でプリマスとの間で係争が生じたこともあった。

一六四六年、マサチューセッツおよび近傍の植民地の教会から牧師ら代表を集めて開かれた教会会議には、ヒンガムはボストン、セイレム、コンコードと共に、コングリゲーショナルの理念に反するとして、代表を送らなかった。

ヒンガム事件の時の代議員の数は三十三名だったという。一タウンから二名の代議員を出しているのだから、マサチューセッツ湾植民地全体の規模について、大よその想像がつく。しかし、サイズによっては二名より多くの代議員を出していたタウンもあった。

もう一つ注目すべきは、この頃になると、フリーマンとノンフリーマンの境界がぼやけて来ていたことである。ノンフリーマンの中にも、この十数年の間に実力をつけて、経済力でも発言力でもフリーマンを凌ぐ者が出始めていた。タウンの役員の選挙でノンフリーマンが当選したので、処置を議論したという記録がある。ゼネラルコートに告訴状を提出した時、ハバート牧師が引き連れてヒンガムからやって来た九十人の中には、ノンフリーマンも含まれていたことは、大いに考えられ得ることである。

初期の段階から、植民地と共に歩んで来たウィンスロップにとって、ヒンガム事件は、腸《はらわた》が煮えかえる思いがしたに違いない。彼の『ジャーナル』には、この事件について多くの紙面を割いている。

とくにマサチューセッツ湾の場合、司政官に選ばれるような人物は、イングランド本国の上流階級の出であり、彼らが母国の権威主義を踏襲しようとしていたのは事実であった。ジョン・コットンは別のところでも述べるように、「民衆が支配者だとしたら、支配されるのは誰か」と言ったが、このような意識が、司政官らの間には、程度の差こそあれ、根強く残っていたのは否めない事実であっただろう。しかし、民衆の発言力が次第に強くなると、このような意識にも、少しずつ修正を加えざるを得なかったのである。

以上、ヒンガム事件について、やや詳しく述べたのは、初期の植民地政府の事情、および意志決定がどのように行われたかを見ておきたかったからである。このような試練を経て、アメリカ合衆国が作られて行ったのである。

第三章　群像・植民地を彩った人たち

――歴史とは人の動きである

類型のカヴァーを外した実像

ナサニエル・ホーソーンが一八五〇年に出した『スカーレットレター』は、一六三〇年頃から一六五〇年頃までのマサチューセッツ湾植民地を背景にした小説である。もちろん、物語はフィクションであるが、その中に歴史上の事実が織り込まれ、実在の人物が登場する。

例えば、「ガヴァナーの広間」の章に、一匹の豚が植民地の立法府を動かす事件を起こしたとあるが[1]、これは前に述べた「牝豚事件」のことである。また人物もそれぞれの立場、役割に応じて登場する。リチャード・ベリンガムは、威厳を具えながらも優しいガヴァナーとして、ジョン・ウィルソンは暗い表情に強い信仰を秘めた牧師として、アン・ヒビンズは、のちに魔女として処刑されることになるのを予感させる無気味な女として、物語の中でのそれぞれの役割を果たしている。

歴史上の人物や出来事は、歴史を形作る上での役割や意味付けによって、後世の人たちによって次第に類型化される。マサチューセッツ湾植民地にピューリタン神権政治のカヴァーをかけて見ると、その時代の人物、例えばジョン・コットンは、一貫して冷静かつ真摯な信仰を持ち続けた聖職者であり、またアン・ハッチンソンは植民地政府に反逆した異端者であったということになる。

この人たちの実像は、果たしてどうだったのだろうか。冷静であったとされる人が、常に冷静であり得たであろうか。時と場合によっては、人と対立したり、激怒したりすることもあったに違いない。また、人の信仰は、事情によっては、変わることがあるのも事実である。

小さい植民地のことであるから、登場する人物の顔触れは限られており、同じ人物がいろいろな場面に顔を出す。従って重なり合う部分も出て来る。また、人間の言動が常に一貫しているとは限らないので、ある時ある場での発言や行動が、他の場合のそれとは矛盾することもあるわけだ。

一六三〇年頃から一六五〇年頃まで、植民地に生きた人たちの実像を、類型のカヴァーを外して、見てみようというのである。

1　ウィンスロップの不仲の盟友
――トーマス・ダドリー

一六二九年、出発前に、イングランドで司政官を選んだ時、ウィンスロップがガヴァナー、ジョン・ハンフリーが副ガヴァナーに選出されたが、ハンフリーの出発が遅れるというので、代わりにトーマス・ダドリーが副ガヴァナーとなった。ウィンスロップとダドリーは、設立の時から会社の中枢にあった。

ウィンスロップは、イングランドでは荘園領主を父に持つ、上流階級の出身で、ケンブリッジ大学で法律を学び、弁護士となり、名誉ある法学院 The Inner Temple の会員にも選ばれた。一方、ダドリーは、ジョン・ハンフリーの義父リンカン伯爵の執事であったという。彼はイングランドでジョン・コットンの教会のメンバーであった。二人共、強い個性の持ち主であったが、とくにダドリーは強情で烈しい気性だったという。

ウィンスロップとダドリーは、一六三〇年、同じアーベラ号で渡来した。しかし、ウィンスロップの『ジャーナル』にダドリーが顔を出すのは、一六三一年、教会に係わることで一度だけ名が挙がった後は、一六三二年、ウィンスロップとの不和が表面化した時である。

一六三二年、ボストンでコートが開かれた時、ダドリーが会議の途中退席するという事件が起こった。そして、副ガヴァナーを辞めると言い出した。しかし、ゼネラルコートで選出された役職を、ゼネラルコートの承認なしで辞めさせてよいのかが議論され、辞任を認めないことになった。

この時、ダドリーに関して別の問題が起こっていた。彼が貧しい人を相手にあこぎな取り引きをしたというのである。八・五ブッセルのコーンを貸して、収穫の時に十ブッセルにして返させる約束をしたのは、法外な高利だとウィンスロップが注意したというのである。ダドリーはこれに反発、激論となった。

もう一つ、ダドリーが公費で自分の家の内部に羽目板を張った。ウィンスロップは、経費節減のためにも、他の者へのしめしとしても、適当でないと注意した。これに対してダドリーは、室を暖かくするために板を張ったもので、費用も大してかかっていないと反論した。

渡来して一年余りにしかならないのに、指導者間では対立、抗争が始まったのである。注目すべきは、植民地では直ちに経済活動が始まり、商売気丸出しの人が現れていたことである。

役職者の家の保持に公費が使われることもあったようだ。しかし、落ち着いて来ると、数か所に自分の家を持つ者も出て来た。ダドリーがニュータウンに建てていた家の骨組みを、ウィンスロップが取り壊させたのも、両人の不和を増幅させたという。ニュータウンはのちのケンブリッジで、ダドリーがここを植民地の中心としようとしたのを、ウィンスロップがボストンに移したのに反感を抱いたともいう。

有力者数人が集まって、ガヴァナーと副ガヴァナーの対立、不和を調停しようとした。集会は祈りで始まったが、直ちに激論が起こった。ダドリーは、ウィンスロップが強力な権限を持っているかのような言動をしているのを不満とし、ガヴァナーの権限は何の根拠に基づき、どの範囲に及ぶのかと詰め寄った。これに対してウィンスロップは、パテントは普通法その他の法令に基づきガヴァナーに必要な権限を与えている。権限を越えた行為とは何のことか、と反論した。

副ガヴァナーは怒って立ち上がり、ガヴァナーも同様に激情に走り、二人は激しい口論を交わした。ダドリーは、具体的にウィンスロップの個々の言動について説明を求め、ガヴァナーの政治姿勢を追及した。

とにかく二人は、調停者が中に立って、表面上は和解することになった。ウィンスロップは、どちらかと言えば、平和的に、やや寛大な政治を進めたいという気があったようだが、ダドリーは怒りっぽく、僅かな逸脱をも許さない、融通の効かない男だったようだ。しかし、どちらがどうだったかは、正確には分からない。

「ガヴァナーと副ガヴァナーとの間の確執は熱いものであったが、仕事の上では、顔を合わせても、互いに反目、不和の表情は見せず、その後は愛と友情をもって、平和で良好な関係を保った」とウィンスロップは記している。[2] 二人の確執は、この時は表面的には収まったが、その後も、実務の処理に際して、しばしば意見が対立した。

とは言っても、いつも角突き合わせてばかりもいられない。一六三八年の次の記事は、二人の極めて友好的な姿を描いている。

「ガヴァナー（ウィンスロップ）と副ガヴァナー（ダドリー）は、農業用の土地の下見をするためコンコードへ行った。そして、川を約四マイル下ったところで、自分たちのために千エーカーを選んだ。二人はどの部分を取るか互いに譲り合ったが、ガヴァナーはすでに充分な土地を持っているので、副ガヴァナーに先に選ばせた。副ガヴァナーが選んだ土地の起点に大きな石が二個あったので、これを『兄弟石』Two Brothersと名付けて、二人が子供の結婚により兄弟となる記念とし、兄弟愛により、石の傍らの小川を二人の土地の境界線とすることに同意した。四か月後のコートで、ガヴァナーの土地に二百エーカーが追加された」[3]。

この記事は、二人の兄弟愛は別として、当時は今から見るとかなりいい加減な土地の配分が行われていたことを物語っている。千エーカーはおよそ四百万平方メートル（約百二十万坪）にもなろうか。このような広大な土地が、このような恣意なやり方で個人の所有になって行ったのだ。貧しい人たちは僅かな土地でも手に入れるのが難しかったが、有力者はこのようなやり方で、いとも簡単に、土地を取得したのである。

ダドリーは、一六五三年ボストンの近くのロックスベリーで死んだが、その間に四回マサチューセッツ湾のガヴァナーを勤めた。ウィンスロップと確執のあった有力者が次々にマサチューセッツを去って行ったのに、ダドリーは最後まで踏み止まり、常に重要な役職にあった。植民地連合の結成に際しては、マサチューセッツ湾のコミッショナーを勤めるなど、植民地形成に一役を買った。

ウィンスロップとダドリーとの確執については、この後でも述べるように、様々な場面で問題となった。

2　植民地を股にかけた軍人
――ジョン・アンダーヒル

ジョン・アンダーヒルは、マサチューセッツ湾植民地の民兵の組織、指揮に当たった軍人で、一六三〇年に渡来した。彼は、到着早々軍の指揮をする地位が与えられた。以前にオランダで軍事訓練を受けていたという。

アンダーヒルがウィンスロップの『ジャーナル』に初めて顔を出すのは、一六三一年、重婚の罪で追われていた男を捕らえて、ボストンへ連行した、という記事である。

同じ一六三一年、ガヴァナー（ウィンスロップ）がアンダーヒル以下兵士数人を伴って、徒歩でサガス（セイレムの南西、のちのリン）とセイレムを訪問、エンディコットから大いに歓待された、とある。その頃は、ウィンスロップに信任されていたと見える。

植民地の防衛は民兵が当たった。民兵は、必要に応じて徴集され、平時にもしばしば訓練をした。民兵組織の指揮者として、アンダーヒルはキャプテンと呼ばれた。

軍の統制はかなりうまく行っていたようで、インディアン対策など緊急の場合は、必要に応じて民兵を召集した。アンダーヒルはピークウォット戦争で活躍することになるのだが、その時軍に参加したのは、徴兵はしなくても、ほとんどがボランティアだったというから、植民地の男たちは、自分たちの生命、財産は自分で守るという意識は強かったと思われる。

もちろん、素人の軍人だから、まとまりが悪かったのは致し方ない。イングランドやオランダで、若干の軍事訓練を受けたことのある者が渡って来て、その経験を売り物にしてポジションを求める流れ者がいたわけである。アンダーヒルも、どうやらこの部類に入るようだ。従って一般の兵士がまとまりが悪かったのは当然だ。

次の記事がある。一六三二年、近接のメインでインディアンに不穏の空気があるというので、「夜ボストンに宿営を設け、非常に備えて民兵の訓練をすることにした。アンダーヒル隊長は（兵士らがどんな動きをするか試そうと）宿舎に非常召集をかけた。ところが、それが我々の兵士の脆弱さを暴露した。彼らは狼狽して、どうしてよいか分からず、士官らも彼らを正常に引き戻すことが出来なかった」[4]。

一六三六年、ロージャー・ウィリアムズはマサチューセッツを追放され、イングランドへ送還されることになり、彼を捕らえるためにアンダーヒルを派遣した。アンダーヒルの手の者がウィリアムズの家に行くと、蛻《もぬ》けの殻で、三日前に立ち去った後だった。

同じ一六三六年、ロードアイランドでジョン・オールダムがインディアンに虐殺されたのをきっかけに、イギリス人植民地全体に危機感が走った。これがピークウォット戦争に繋がるのだが、各植民地は軍備を整えた。マサチューセッツ湾も兵を出すことになった。その時の様子をウィンスロップは次のように記録している。

「ガヴァナーと協議会は、他の司政官や牧師らを召集し、オールダム氏の死をひき起こしたインディアンに対して、正義の処断を下すことについて諮り、全員が事は迅速を要するということで一致した。そこで、この日、九十人の兵士を送ることとし、彼らをジョン・アンダーヒル隊長、ナサニエル・ターナー隊長、ゼニソン少尉、ダヴェンポート少尉の四人の指揮官の下に配置し、総司令官として司政官の一人ジョン・エンディコット氏を当てた。彼らは三隻の舟艇に分乗、二艘の小舟を引き、二人のインディアンを伴って出動した。彼らはブロックアイランド（ロードアイランド南沖の島）のインディアンの男たちは殺し、女、子供は殺さずに連れ出し、島を占拠せよとの命令を受けた。そこからピークウォットへ行き、キャプテン＝ストーン他のイギリス人を殺した者を差し出すこと、また損害の補償として千尋《ひろ》のワンパムを、さらに人質として子供数人を要求した。そして、もしこれを拒否すれば、実力をもって取り上げると伝えた。この兵役には、誰一人として徴兵によるのではなく、全員がボランティアで参加した」[5]。

キャプテン＝ストーンはヴァージニア所属の船長で、コネチカット沖で海賊まがいのことをしていた男だったようで、ピークウォットインディアンに殺された。

ボランティアで参加した兵士らは、食糧だけは給付されたが、給料は全く要求しなかった。出動のための船舶の費用は約二百ポンド、船員には全員給料が支給された。

エンディコット総司令官の指揮によるマサチューセッツ軍のピークウォット族に対する攻撃は、残虐を極めたという。ピークウォット族は、ニューヨーク一帯に住んでいたイロクォイ族の支族と言われるが、好戦的で、コネチカットのモヒガン族、ロードアイランドのナラガンセット族の間に入り込んで、侵害した。彼らはイギリス人に対して強硬な態度を取り、ナラガンセット族と同盟を結んで対抗しようとした。これを阻止するには、ロージャー・ウィリアムズの力が大きかったという。

マサチューセッツ軍は、大勝利を挙げて凱旋した。イギリス人に味方をしたインディアンらは、殺したピークウォットの手や足を切り取って持ち込んで来た。アンダーヒルも活躍の末、帰還した。

一六三七年、アンダーヒルは、インディアンばかりでなくオランダ人の脅威に備えるため、二十人の兵士を引き連れて、セイブルック（コネチカット川河口）に派遣されたという記録がある。

このアンダーヒルが、アン・ハッチンソン一派のアンティノミアン事件に巻き込まれることになった。

ハッチンソン夫人の騒ぎが広がり、彼女の義弟ホイールライトも同類として、ゼネラルコートによって懲戒されることになった時、約六十人がホイールライトを擁護する請願書に署名、ゼネラルコートに提出した。この請願書に署名した者は、アンティノミアン一派と見做されることになったが、この中にアンダーヒルが入っていた。ホイールライトについては後で述べる。

一六三七年、ゼネラルコートは、アンダーヒルを召喚、審問したが、彼の信念が変わらないとして、首謀者数人と共に、フリーマンの資格を剝奪し、公職から追放した。

アンダーヒルは、これまでの発言の撤回を申し出て、その年の冬イングランドへ渡り、翌一六三八年、再びマサチューセッツへ舞い戻って来た。そして、ゼネラルコートに対して、以前に約束をしていた三百エーカーの土地を引き渡すよう要求した。ところが、コートは、彼の帰りの船中での言動を取り上げて、彼を詰問した。その時の様子をウィンスロップは次のように伝えている。

「このコートで、(ホイールライト氏のところへ移ろうとしていた)アンダーヒル隊長が、以前に彼に与えると約束していた三百エーカーの土地の引き渡しを求めた。この際に、彼は、最近イングランドからの帰途、船中で行った言動について審問を受けた。彼が、ここの司政官(支配者)は、律法学者やパリサイびとと同様、また回心前のパウロと同様、妬み心に満たされている、と言ったというのである。アンダーヒルはこれを否認した。そこで、一人の冷静かつ信仰深い女性を出頭させ、彼の前で証言をさせた。彼が船中で彼女を誘い、彼の意見に引き入れたというのである(しかし、彼女は後になって自分を取り戻した)。彼女は、彼が船中で語ったことを次のように証言した。……彼は、五年間、魂は縛り付けられ、義務を守ることだけを求められ、確かな信仰を得ることが出来なかった。ところが、ある日、一服のパイプタバコを吸っていた時、聖霊が恩寵の絶対の約束をもって心の中に入って来て、確信と喜びを与えてくれた。それ以来、このすばらしい状態には、何の疑いもないし、罪に堕ちることがあったとしても、変わることはないであろう、と言ったというのである。彼は、これに対して何の意見も述べず、否定もしなかった。ただ、一人の証人を信用して彼を責めたことには異議を唱えた。そして、彼の意見は前と変わらない、と述べた。ホイールライトに関する請願書や訓戒についても意見は同じなのかと質されて、その通りだと答え、撤回を申し出たのはやり方(マナー)についてであり、事柄(マター)についてではなかったと述べた。(前にコートに出されていた）彼の撤回申し出の書面が読み上げられた。その中に、彼は、コートを非難するという罪を犯し、個人の生活に必要な節度と従順の枠を踏み外し、そのため魂がいかに苦しんで来たかが、主の導きによって見えるようになった、と書いていた。そこで、その意志もないのに、見せ掛けの撤回申し出をし、コートを侮辱したとして、彼を逮捕し、翌日連れ出して、追放を申し渡した。

次の主の日の集会で、アンダーヒルは、迫害を受けていたパウロを主が回心させたように、彼は適度のタバコを用いている時に、主に対して自分をはっきりと示すことが出来ると述べた。また、彼はどうしてコートの判決を受けなければならないのかその理由が分からない。それでもキリストは彼と共にあるのを確信している、と述べた。長老らは、彼のこのスピーチを非難した。コットン氏は、司政官と相談もしないで、コートの判決を非難するのは、ルールに照らして正しくないと言った。さらにコットン氏は、神はしばしば、人が悪道を歩いている時は、パウロがそうであったように、魂が囚われの状態になるが、神は決して、同じパウロにアナニヤを通してなされたように、掟によらず安らぎの心を与えられることはない（パウロは大祭司アナニヤによって訴えられた。「使徒行伝」二四・一）。それ故、アンダーヒルが受けた啓示や喜びが何であったのかをよく調べてみるがよい、と忠告した。

次の主の日、このアンダーヒルに近所の人妻との不倫の疑いがあるとして、内密に問い質そうとしたが、耳を傾けようとしなかった。そこで、彼は公に審問を受け、訓戒された。事実は、その婦人は若くて美しく、陽気な人柄であったが、彼は毎日のように彼女の家に出入りし、しばしばドアをロックして家の中に二人だけがいるのが目撃された。彼は、そのことは外見上よくないことであり、悪いことであったと告白した。しかし、彼の言い訳によれば、彼女の心が大いに乱れ、苦しい試練を受けており、彼女の家を訪ねたのは元気づけるためであった。ドアをロックしたのは、人目を避けて二人で祈りを捧げていたのだ、というのであった。

これに対して長老らは、彼の行為は非難に値する、このような場合は兄弟か姉妹を呼んで同席し、ドアをロックするようなことはすべきでない、との意見を述べた。また、彼女の心が乱れているというが、会って見ると、そんな気配は全く見られない、ということであった」[6]。

キャプテン＝アンダーヒルは、一方では軍人として貢献をし、兵士らの支持もあったであろうが、他方では自分勝手で、植民地の統制を乱す面もあったわけだ。彼は支配者層を小馬鹿にしていたふしがある。司政官や牧師らにとっては、このような男は取り扱い難かったに違いない。追放すると言いながら、彼が反省の態度を見せると、それが見せ掛けと分かっていても、直ちに実行するわけにも行かなかったようだ。彼の言動は、植民地の偏狭さに辟易していた人たちには格好よく見えたかも知れない。

その頃（一六三八）、アンダーヒルはピスカタクワの入植地のガヴァナーになるようにとの招請を受けた。当時の、とくに場末のプランテーションのガヴァナーとは、田舎の集落の長みたいなもので、それほど大袈裟な職務ではなかったが、ガヴァナーにしようというのは、それなりの手腕なり人望なりがあったのであろう。

ピスカタクワは現在のメイン州とニューハンプシャ州の間を流れるピスカタクワ川沿岸一帯である。メイン州を流れるケネベック川と、マサチューセッツ州からニューハンプシャ州の中央へ流れるメリマック川の間の地帯は、一六二二年、ファーディナンド・ゴージスとジョン・メイソンがパテントを受け、小規模なプランテーションを作った。ゴージスらは、本国政府ともコネが強く、しばしば権利を主張し、マサチューセッツを脅かそうとしたが、実効はなかった。マサチューセッツの体制を食み出した者の多くは、ロードアイランドやコネチカットへ移住したが、この地方への移住者も少なくなかった。アン・ハッチンソンの義弟ジョン・ホイールライトもこの地域のエクセターに住んでいたことがある。

そのような移住者の中には犯罪人もいたわけで、一六三八年、死刑に値する罪人がピスカタクワに逃げ込んだとして、次の記事がある。「……犯人はピスカタクワに逃げた。ガヴァナーは彼を追わせたが、ピスカタクワの人々は彼を庇い、公然と逮捕を阻止した。我々のところから逃げ出した下劣な人たちを庇い立てするのは、彼らの常套のやり方だ」[7]。このようなことから、両者の間では、支配権をめぐる争いがしばしば起こった。

一六三九年、ガヴァナー＝ウィンスロップは、ピスカタクワの住民に対して、ホイールライトがプランテーションを作るのを援助し、さらにアンダーヒルをガヴァナーに仕用しようとしているのは、犯罪者を力づけ、助長するものだとして、抗議の書簡を送った。これに対してアンダーヒルは、ウィンスロップの家に滞在していた友人に手紙を送り、この中でウィンスロップや他の司政官らを激しい言葉で罵り、報復ののろいをあらわにした。

アンダーヒルが書いたこのような手紙や、ボストンでの人妻との不倫について糺すため、教会は彼を呼んで審問しようとした。しかし、彼はいろいろと口実を設けて出頭しなかった。

そこで、ボストン教会は、ピスカタクワの重だった住民全員に、アンダーヒルが書いた手紙のコピーを送りつけ、その中で彼がマサチューセッツを破滅させるため神から遣わされたと公言していることを指摘し、その他の悪行の数々を挙げ、このような敵対行為は住民の合意の上でなされたのではないのか、と詰問した。

これに対し、ピスカタクワの住民は返書を送り、アンダーヒルの悪行には住民は関係ないこと、また、今となっては、彼の横柄さに対しては彼らもまた怒りを覚えていること、しかし、彼にも同情すべき点があり、武力をもって取り押さえることはしないで欲しい、と伝えた。

その後、アンダーヒルは元気を失い、タウンの重立った人も彼を見捨て、彼に対して敬意を払わなくなった。そのためか、彼は反省の手紙をマサチューセッツ湾の有力者らに出した。さらに、彼はガヴァナーや副ガヴァナーに手紙を書き、神、教会、および政府に対して犯した大きな罪を思い知り、心を入れ替え、罪の深さを嘆き、許しを乞うた。

しかし、このアンダーヒルという男は一筋縄では行かなかったようで、一六四〇年の記事に次のようなのがある。

「イングランドの牧師ハンサード・ノリス氏が、昨夏ファミリスト的な考え方の一団の人たちと渡来したが、取り調べを受けて、好ましくない傾向があることが分かったので、マサチューセッツに住むことを拒否され、ピスカタクワへ行き、そこで説教を始めた。しかし、そこのガヴァナーで説教師であったジョージ・バーデット氏はこれを許さなかった。そこで、ノリス氏はアコメンティクスの人たちに呼ばれてそこへ移り、その地の信心深い人たちを集めて教会を作り、その牧師となった。キャプテン＝アンダーヒルがそこのガヴァナーで、このタウンをドーヴァーと呼んだ（ドーヴァーは現在ニューハンプシャ州東南、ピスカタクワ川岸。当時、この周辺にはばらばらに小さな集落（タウン）が散在し、それぞれの長をガヴァナーと呼んだ）。このノリス氏は、最初に到着した際、ロンドンの友人に手紙を出し、その中で我々（マサチューセッツ）の司政官や教会、さらには一般の住民を激しく非難した（その手紙のコピーが我々のガヴァナーの許に送られて来ている）。そこでガヴァナーが注意をしたところ、彼は考え直して、これまでの悪行を反省し、謙虚に詫びを入れ、ボストンに出向いて、司政官や長老の前で、悔い改めの告白をした。

キャプテン＝アンダーヒルもまた、教会や市民政府に対して犯した罪のため、恐怖と後悔で心の安まることがなく、ボストンへ出向いて反省の気持ちを伝えたいと申し出た。そしてボストンの説教日でコートも開かれていた時に、彼は皆の前で、人妻と不倫を働いたこと、別の女にも同様の企てをしたこと、また我々の政府に対して中傷したことを告白し、コートが行った彼に対する懲戒は正しかったと認めた。しかし、彼の告白には弁解や言い逃れが混じっていて、悔悟が真実だとは思われず、誠実さに欠け、むしろ心の痛みを和らげるための手段のように見えた。そこで、彼の罪は憎むべき悪質のものであるとして、教会は彼を追放した。彼はその処分に従い、数日（四、五日）ボストンに留まり、大いに落胆した様子であった。ところが、タウンに戻って来ると、ボストンで示した改悛の情は見られず、再び元気を盛り返した」[8]。

半年ほどして、アンダーヒルは再び呼び出され、ボストン教会からの破門の処分について、悔恨の気持ちを聞かれることになった。この時の様子は次の通りであった。

「……それは実に多くの人の目に涙を誘う情景であった。……彼は（いつもは勇壮さと身だしなみを誇りにしていたのに）非常に粗悪な服装をして、バンドも着けず、汚い亜麻布の帽子を目深かに被って入って来た。台上に立つと、深い溜め息を繰り返し、涙をとめどなく流しながら、彼が犯した悪行の数々、不倫、偽善、この地の神の民に対する迫害、とくに傲慢（これがすべての悪行の根元である）、および司政官を侮辱したことを告白した。そして、神および教会、またコートが彼に加えた懲罰が正しかったことを認めた。彼は教会から放逐された後、いかにサタンの支配の下に置かれたか、また尊大にも、神が与えてもいない憐れみや許しを得たかのように思い込んでいたのに、いざ神の審判の恐怖に襲われると我を失い、心の休まることもなく、何事にも絶望的となり、何度も自ら命を絶とうとして、剣を取って今にもという時に、もし主が手を差し伸べられなかったら、実行したであろう、と語った。……そして最後に、彼は熱心に教会に憐れみを求め、サタンの手から解き放して貰いたいと懇願した。

そこで、我々は彼を再び教会に受け入れることにした。その後、彼は改めてコートに出頭し、罪を告白し、許しを乞うた。コートは彼の個人的な考え方については、ことごとく罪を許した。しかし、不倫の罪については、今後の戒めとして、免罪を与えなかった。しかし、不倫に関する前の法令が廃止となり、新しい法令が彼の不倫より後に出来ているので、適用しないことになった。彼はまた、教会で次の告白をした。その女性と仲よくなり、愛情を示すようになったが、彼女は彼の懇願を（他の女だったら拒み切れないのに）六か月の間拒み続けた。しかし、一度体を許すと、その後は全く彼の言う通りになった。彼は、心の平和を確かなものにするために、彼女の夫（桶職人）のところへ行き、数人の長老らがいる前で、彼に向かって跪き、犯した罪を告白し、許しを願った。許しの証明として、彼女の夫はアンダーヒルの妻にしるしの品を贈った」[9]。

一六四一年、アンダーヒルがいたビスカタクワ一帯で、ちょっとした宗教紛争が起こった。前に触れたノリスが牧師をしていたところへ、イングランドから新しい牧師がやって来て、会衆の奪い合いとなり、住民を二分した争いに発展、両者は武器を執って対立した。アンダーヒルはノリス側についたが、結局ゴージスとメイソンが任命したガヴァナーによって、彼の一味は騒乱の廉で多額の罰金に処せられるということになり、マサチューセッツ湾政府に調停を願い出た。アンダーヒルは、住民をマサチューセッツ湾政府の管理の下に入れたいとの思惑があったのだろうという。

マサチューセッツ湾政府は、司政官や長老数人を派遣して現地の実状を検分させ、非は双方にあるとして、アンダーヒルの罰金刑は取り消されることとなった。ところが、この時の検分の際に、ノリス牧師自身の不倫が発覚した。その間の事情は次の通りであった。

「この騒動に際して、ノリスが猥褻な人物で、二人のメイドに言い寄り、彼女らと淫らな関係を持っていたことが判明、その地の教会でこれを認めたので、彼は解任され、ピスカタクワから追放された。彼の罪は悪質で、彼がアンダーヒルの不倫を非難して、聖書を通して人々に訓戒を与えたその夜に、自ら不倫を犯していたのである。ハッチンソン夫人の意見に同調し、聖化は全く義の証拠にはならないと叫んでいたこの二人は、このような淫らな行為に堕ち込み、それによって、彼ら自身および彼らの誤った考えが世に明らかにされたのだ[10]」。

アンダーヒルはボストンに呼び出され、最近の彼の言動について審問され、まだ安心出来ないという人も多かったが、結局ガヴァナーが布告を出して、アンダーヒルのすべての罪を赦免することになった。

一六四二年、ウィンスロップの『ジャーナル』に次の記事がある。

「キャプテン＝アンダーヒルは、このところ彼自身および家族を養うのに充分な仕事がないので、オランダ人ガヴァナーからよい仕事の申し出を受け（彼はオランダ語を話し、妻はオランダ人である）、ガヴァナーを訪ね、教会に許しを求めた。教会は、オランダ人入植地に近いスタムフォード（コネチカット州南西部）のイギリス人居住地で、彼の生活のための（彼に出来る限りの）仕事が提供されるとして、そこへ行くよう勧めた。そのイギリス人地区には教会があったからである。彼はこの忠告を聞き入れ、彼の妻もこれに前向きで、承諾した。そこで教会は彼のために準備を整えてやり、小舟を提供して送り出した。ところが、彼はそこへ着くと、心を変えて、というより少なくとも行く先を変えて、オランダ人入植地へ行ってしまった」[11]。

　これによると、アンダーヒルは真っすぐにオランダ人のところへ行ったようになっているが、しばらくはスタムフォードのイギリス人地区に留まったようだ。しかし、いずれにしても、アンダーヒルはマサチューセッツ湾体制からの落ちこぼれであったことは間違いない。

　一六四四年、スタムフォードでの事件として、アンダーヒルの家で、一人のイギリス人軍人がオランダ人に殺されたという記事がある。その後間もなくして、アンダーヒルはオランダ人ガヴァナーに雇われて、軍隊の指揮をしたが、オランダ人との間にいざこざが絶えなかったようだ。彼はオランダ人ガヴァナー（ストイフェサント。派手で、専横であった）のやり方に嫌気を起こし、イギリス人側について、一六五三年にはハートフォード（コネチカットの中央）にあったオランダ人所有の財産の略奪を行い、さらに一六六四―五年のイギリス人によるニューアムステルダムの征圧にも協力した。彼はイギリス人のニューヨークとなった新政府でいくつかの公職に就いた。

　アンダーヒルは、一六七二年、七十五歳（多分）でニューヨークで死んだ。

3　異端の大立て者
――ロージャー・ウィリアムズ

マサチューセッツ湾植民地の体制に反抗した大立て者として知られているのは、ロージャー・ウィリアムズであろう。ロンドンで生まれ、ケンブリッジで学び、法律を志したが、聖職に転じ、イングランド国教会の牧師の資格を得た。間もなく国教会に批判的となり、いわゆるピューリタンとなったが、それより一歩進んで、純粋な信仰を守るためには国教会を離脱すべきだとする、セパラティストの傾向を持つようになった。彼は、イングランドにいる時から、ジョン・コットンやトーマス・フッカーと親交があったという。

一六三一年、「(ライオン号が)ウィリアムズ氏(信仰深い牧師)と彼の妻ら……を運んで来た[12]」とウィンスロップは記している。この時、ウィリアムズは二十八歳であった。

ところが、ウィリアムズの過激というか、突出した考え方には、マサチューセッツ湾の指導者たちも戸惑ったようだ。

ウィリアムズは、ボストン教会が、イングランド国教会から完全に分離していないこと、また司政官が宗教上の罪を処罰しているのは、政教は分離すべきであるとする彼の考え方に反するとして、同教会への入会を拒否した。そして、招聘を受けたセイレム教会へ移ろうとしたが、反対意見があり、セパラティストの傾向の強いプリマスへ行くことになった。プリマスでは牧師職には就かなかったが、聖職者とは見られていたようだ。一六三二年にウィンスロップがボストン教会の牧師らと共にプリマスを訪れた時、ウィリアムズがプリマス教会の牧師と共に宗教行事に加わったという記録がある。

一六三三年、ウィリアムズはプリマスを去ることになった。ブラッドフォードの『プリマスプランテーションの歴史』に、その時の様子を記している。

「ロージャー・ウィリアムズ氏（信仰深く、熱心で、多くの優れた才能を具えているが、一方考え方が極めて不安定な人）は、最初マサチューセッツへ行ったが、そこで何か不満があって当地へやって来た（ここでは、我々の乏しい能力に応じて、友好的に彼を迎え入れた）。そして、彼は我々の間でも才能を発揮し、やがて教会に受け入れられ、メンバーとなった。彼の教えは、会衆の共感を得、その恩恵に対して、私は神を祝福し、彼に感謝をしている。もちろん、彼の口から出た鋭い訓戒や叱責の言葉も、真理に適っている限り皆も同感であった。しかし、今年になって、彼は、少々異常な意見を抱くようになり、それを実行に移すようになった。それが教会との間の論争をひき起こし、彼はそれを不満として、突然当地を去って行った。その後、彼はセイレム教会への転籍を願い出たが、先方では彼には若干問題点があること、それに対する配慮が必要であることを知った上で、これが認められた。しかし、彼は間もなく、セイレムでも問題を起こし、教会や政府に対して迷惑と不安を与えた。……それにしても、彼は憐れむべき人だ。彼のために祈ろう。そして、この件は神に委ねて、彼に誤りを示し、真実の道へ導き、安定した正しい考えを持てるようにして頂こう。彼は神の民なのだから、慈悲が与えられるに違いない」[13]。

これを見ても、プリマスのセパラティストでさえウィリアムズを持て余していたことが分かる。それにしても、二十八歳の青年牧師の激烈な、向こう見ずの言動が目に浮かぶようだ。

セイレム教会はボストン教会より古く、マサチューセッツの中でも、独自性を持った教会であった。他の教会のような長老を置いていなかった時もあったし、数回開かれた植民地の教会会議に代表を送らないこともあった。ウィリアムズの考え方が受け入れられ易い教会であったと言えよう。

ウィリアムズがセイレムに来て間もなくのこととして、次の記事が『ジャーナル』にある。

「ボストン湾岸およびサガスの牧師らが、二週間に一度、順繰りに彼らの家に集まって、当座の問題について協議した。セイレムの牧師と、プリマスから移って来たウィリアムズ氏(彼は何の役職もなく、個人的に聖書の講釈をしていた)が、これに対して異議を唱え、このような会合が、やがては長老制や監督制に繋がり、教会の自由を侵害しかねない、と主張した」[14]。

ウィリアムズの言動は、次第に、周辺の教会の牧師たちのみならず、司政官の間でも目障りになって来た。自分の意見が正しいと信じ込んでいるウィリアムズは、司政官や牧師たちに反論する形で論文を書き、諸方に配布した。これについて、ウィンスロップは次の記事を残した。

「ガヴァナーとアシスタントがボストンで会合を開き、(当時セイレムにいた)ウィリアムズ氏から送り付けて来た論文を検討した。この論文は、もともとは、プリマスのガヴァナーと評議会に宛てて書かれたものであった。その中で、とりわけ、我々がここで所有している土地に対する権利には疑義があるとし、王の下付によると主張しても、原住民との協定がない限り、実際には何の権利もないのだ、と結論付けている。これについて、法律に精通した数人の牧師の意見を聞いたところ、彼らはウィリアムズ氏の誤りと思い込みを激しく非難した。そこで、司政官は命令を発し、ウィリアムズ氏をコートに召喚、訓戒することにした。主として問題とされたのは次の三点であった。①ウィリアムズが、ゼイムズ王がパテントの中で自分がこの土地を発見した最初のクリスチャンの土であるとしているが、これは重大な公の虚言であると非難していること。②彼が、ゼイムズ王その他の人たちがヨーロッパをクリスチャン王国だと呼んでいるのは、冒瀆であるとして非難していること。③彼が、これらのことを我々の現在の王チャールズにも個人的に当て嵌めようとしていること」[15]。

この最初の告発は、しかし、不発に終わった。ウィリアムズは、謙虚に自分の非を認めて、穏便に済ませたいとの意向を示した。「次のコートで、彼は後悔の態度を示し、彼の意図や忠誠心には問題がないことが分かった。そこで、この件は取り下げられ、何の手も打たれなかった」と記されている[16]。

これまでのところ、ウィリアムズは、マサチューセッツ湾植民地の支配者らの、意外に偏狭で頑迷な態度に戸惑いながらも、事を荒だてるまでには至らなかったようだ。しかし、彼の良心ないし信念は、やはり、マサチューセッツのやり方は正しくない、このままでは駄目だという気持ちを募らせたようだ。

一六三四年の『ジャーナル』に次の記事がある。

「セイレムのウィリアムズ氏が、我々との約束を破り、公然と王のパテントを非難し、我々がそれによってこの植民地に対する権利を保有するのは重大な犯罪であると主張し、その上、イングランド国教会を非キリスト教的であるとの発言を繰り返しているとの報告があり、我々は、彼を次のコートに召喚することにした」。

ウィリアムズのマサチューセッツ湾体制に対する公然の挑戦が始まった。一六三五年七月、ウィリアムズはゼネラルコートに召喚され、出頭した。司政官や教会にとって危険なウィリアムズの意見として、次の項目が挙げられた。①司政官は、市民生活の平穏を脅かす場合を除いて、十誡の最初の数項目（安息日を守ることなど）の違反を処罰すべきではない（殺人や盗みのような犯罪は別として、純粋に宗教的な戒律の違反に政府が介入すべきでないということ）。②信仰のない者に宣誓を与えてはならない。③そのような者とは、たとえ妻や子であっても、共に祈ってはならない。④誰も、聖餐の後、あるいは食事の後に感謝を捧げてはならない[17]。

何が問題なのかよく分からないが、司政官や牧師らは、このような誤った危険な思想は放置出来ないと考えた。さらに、セイレム教会がこのような男を教師の職に就けたのは、権威に対する大きな侮辱である、とした。そこで、セイレム教会とウィリアムズに対して、これらの点につき考え直す時間を与え、もし満足出来る回答が得られない場合は、ゼネラルコートは、彼を処分する判決を下さざるを得ない旨通告した。

十月、ウィリアムズは再びゼネラルコートに召喚された。周辺の教会の牧師らが、自ら望んでコートに出席した。ウィリアムズが書いた二通の手紙が問題となった。その一つは、付近の教会に宛てたもので、司政官を不公正で横暴であるとして非難した内容であり、他の一つは、セイレムの自分の教会宛ての、周辺の教会はすべて汚染されて非キリスト教的になっているので、これらとの交流を絶つべきだという趣旨のものであった。審問に際して、ウィリアムズは自分の正当性を主張して譲らなかった。

ゼネラルコートは、ウィリアムズを追放する決定をし、六週間以内にマサチューセッツ管内から立ち去るようにとの判決を下した。出席していた牧師は、一人を除いて全員がこれに賛成した。セイレム教会も、ウィリアムズの非を認め、彼に協力したことを反省し、司政官への忠誠を誓った。

ウィリアムズは、追放の判決の後も、翌春まで留まってもよいというゼネラルコートの温情をよいことにして、自分の家に人を集めて、彼の意見を吹き込んだ。さらに彼が多くの同調者を連れて、ナラガンセット湾（ロードアイランド）に新しい植民地を開こうと企てていることを知ったゼネラルコートは、そういうことになったら、そこから汚染がこちらの教会に及ぶことになりかねないとして、ウィリアムズをイングランド本国へ送還することにした。そして、次の船に乗せることにして、彼にボストンへ出頭するよう令状を出した。しかし、彼がこれに応じなかったため、兵を出して逮捕させようとした。ところが、兵士らが彼の家に着いてみると、彼はすでに逃げ出した後であった。

ウィリアムズは、追随者らを引き連れて、プロヴィデンス（ロードアイランド）に入植した。土地は現地のナラガンセットインディアンから購入した。彼はインディアンの言語を学び、友好的に共存しようと努めた。

一六三六年、ジョン・オールダムがインディアンに殺されたのをきっかけに、いわゆるピークウォット戦争が起こった。インディアンとの親交を重ねて来たウィリアムズは、語学を生かして、とくにナラガンセット族の依頼もあって、戦争の調停に奔走した。マサチューセッツ湾のガヴァナーに現地の事情を説明する手紙を書いた。他のイギリス人植民地も彼から多大の恩恵を受けた。ウィリアムズがいなかったら、ナラガンセット族、その他付近のインディアン部族は、ピークウォット族と同盟を結び、イギリス人植民地に反抗したかも知れないと言われている。

しかし、プロヴィデンスなどロードアイランドの植民地は、インディアンから土地を購入したということだけで、安定した居住が保証されるというわけではなかった。インディアンの間にも、土地の売却について必ずしも平和的合意があったわけでもなかったし、インディアンの中には、マサチューセッツ湾政府に臣従を申し出て、その保護を求める集団もあった。ロードアイランドはマサチューセッツ湾やプリマスと目と鼻のところにあったため、それらの植民地の延長線上にあるように見られることもあった。その他のイギリス人入植者はマサチューセッツ体制を批判して移住して来た人たちを主流としていたため、しばしば異端視された。一六四三年に作られた植民地連合には、ロードアイランドは入っていない。マサチューセッツからの武力による進攻の気配もあった。ナラガンセット湾岸に作られたプロヴィデンス、ウォーウィックなどの植民地は、いわば幽霊植民地であった。

ウィリアムズもこのままでは駄目だと思い始めたようだ。あれほど批判して来た王のパテントがないとやって行けないことが分かって来た。

一六四四年、彼は一時イングランドに帰国、別に述べるヘンリー・ヴェインの助力で、プロヴィデンス植民地のチャーターを得た。ところが、留守の間に、彼の植民地はウィリアム・コディントンに乗っ取られていた。コディントンが別のルートで本国からパテントを取り付けていたのであった。ウィリアムズは再びイングランドに渡り、コディントンのパテントを取り消し、ロードアイランド内の植民地を統合、ロードアイランド・プロヴィデンス植民地とするチャーターを得、彼がその統領（プレジデント）となった。

ウィリアムズは、政府は個人によって個人のために作られるもので、構成員の合意の上に成り立つべきものだとし、政教分離が必要で、政府による個人の信仰への干渉は許されないと主張した。一口に言えば、民主主義、個人主義ということになる。しかし、このような理想的理念は、実際の社会では必ずしもうまく行かないもので、彼の植民地も常にごたごたが絶えなかった。

プロヴィデンスの混乱の様子について、一六四二年のウィンスロップの『ジャーナル』に次の記事がある。

「プロヴィデンスの人々は皆アナバプティスト（再洗礼主義者）であるのに、意見は分かれている。中には、単に幼児洗礼に反対だけの者もいるし、司政官や教会の権威を認めないという者もいる。……この後者側の仲間が他方より優勢で、相手に危害を加えて挑発し、双方とも武装して対立した。しかし、ウィリアムズ氏が宥めて、当座は静かになった。こんなことから、勢力の弱い側の人たちが全員で、マサチューセッツ湾のガヴァナーと司政官に手紙を送り、彼らが虐待を受けていることを訴え、助力を求め、もし助力が得られないとしたら、何らかの助言を与えて貰いたい、と申し入れて来た。我々は、ゼネラルコートを開かねば戦争に入るわけには行かない、と返事をした。助言として、彼らが自らプリマスかマサチューセッツ湾政府の管轄下に入って来ない限り、我々としても彼らの紛争に介入する理由も正当性もない。もし彼らが我々に従属するというのであれば、彼らを保護する理由となる、と伝えた[18]」。

デモクラシーは、いつでも、どこでも、混乱と対立を伴うもののようだ。ウィリアムズの植民地は、クエーカー教徒を好意をもって受け入れていたのに、やがて住民の間に対立が起こり、これを排除せざるを得なくなった。

キングフィリップ戦争（一六七五―六）では、ウィリアムズはキャプテンとして軍の指揮に当たり、昔の盟友ナラガンセットインディアンらを敵に回して戦った。

ロージャー・ウィリアムズは、一六八三年プロヴィデンスで死んだ。

4　節を枉げて節を守った男
――ジョン・コットン

ニューイングランド植民地の思想形成に少なからず影響を与えた人物として、ジョン・コットンがいる。いわゆる「マザー王朝」の始祖リチャード・マザーの義父であり、コットン・マザーの祖父に当たる。

ジョン・コットンはケンブリッジ出身の牧師で、次第にイングランド国教会のあり方に疑問を持つようになり、つまりピューリタンとなった。彼のイングランド時代の説教は、多くの人の共感を呼び、彼の名は広く知られるようになった。そのため、イングランド国教会の正統派からは異端と見られるようになった。

一六三二年、コットンは、審問のため高等宗務裁判所へ出頭を命ぜられた。彼はこれを避けて、職を辞し、一六三三年、以前から親交のあったジョン・ウィンスロップのいるマサチューセッツへ渡って来た。

コットンの到着の模様を、ウィンスロップは次のように記録している。

「グリフィン号（三百トン）が到着した。ダウンズ（イングランド東南部、ドーヴァー海峡沖の寄港地）を出て八週間かかった。この船で、コットン氏、フッカー氏、ストーン氏（いずれも牧師）、それにピアス氏、ヘインズ氏（大へんな資産家の紳士）、ホフ氏、その他裕福な人が多く来着した。彼らがイングランドを出国するには、大へんな困難を伴った。以前から高等宗務裁判所へ出頭を求められていたコットン氏やフッカー氏を取り押さえるため、各地に手配がなされていた。しかし、船長は、役人が配置されていたワイト（イングランド南部の島）に立ち寄る振りをして、実はダウンズでこれらの牧師を乗船させたのであった。フッカー氏とストーン氏は直ちにニュータウンへ行ったが、コットン氏はボストンに留まった[19]」。

ボストン教会では、最初から、コットンを大物扱いした。土曜日の夜、教会は通常の礼拝を行ったが、コットン氏は求められて、教会についての意見を述べた。

コットン夫妻は、直ちに教会のメンバーに受け入れられた。次の主の日には、コットンが午後に礼拝を担当した。彼は、掟に従って信仰告白をしたいと希望し、洗礼についての彼の信念を表明した（彼は、航海中に生まれた彼の子に洗礼を与えたいと願っていた）。この子に、何故船上で洗礼を与えなかったかというと、（新鮮な水がなかったわけではない、彼の意見では海水でよかった）その理由を二つ挙げた。一つは、船上には確立した会衆（教会）がなかったこと、もう一つは、牧師は教会の中でなければ認証を与える力を持たない、というものであった。

コットンも妻も控え目の信仰証言をした。しかし、妻については、（女性であるから）公の信仰告白は使徒の掟に反し、かつ女としての節度に合わないので、やらせない。その代わり、長老が内々に彼女に当たって信仰を確かめて貰いたい、と希望を述べた。そこで、彼女は長老から、夫がなした信仰告白に同意し、教会のメンバーに受け入れられるのを望むかと尋ねられ、肯定の返事をした。かくして、夫妻は正式に教会のメンバーとなった。そして、その子は、父の手に捧げられて洗礼を受けた（コットンは、幼児洗礼は、子の信仰を助ける父からの力づけである、と述べた）[20]。

ジョン・コットンは、一応ボストンに落ち着いたが、他のタウンの教会からも来て貰いたいという申し出があった。

コットンの処遇について、ガヴァナー、他の司政官、全教会の牧師や長老がボストンに集まり、協議をした。会合では、コットンはボストンに定住するとして、彼がかなりの数の牛を飼うことを希望しているので、まだ他のタウンに編入されていない農地をボストンに加え、牛を飼う牧地として提供することにした。さらに、（彼は説教をするので）公費で生活費を支出すべきだとの意見もあったが、司政官の中に反対者がいて、結局この支出はしないことになった。

間もなく、ボストン教会で、コットンの教師任命式があった。ウィンスロップは、次のように記録している。

「コットン氏はボストン教会の教師に選ばれ、次のような手順で、長老の按手 imposition of hands により任命された。最初に、全会衆が挙手により彼の選任を承認した。それから、ウィルソン牧師が、彼にこの招請を受けるかどうか尋ねた。彼はしばらく間を置いて、彼自身、この職には不相応で不充分であるのをよく知っているが、神の御心により自分が召されたのを思うと、受諾する他はないと答えた。そこで、牧師と二人の長老が彼の頭に手を置き、牧師が祈りを捧げ、手を離し、再び手を置いて彼の名前を呼び、聖霊の名において彼をこの職に就かせ、会衆の責任を委託し、その職に必要な能力を彼に与える旨を宣言し、最後に彼に祝福を与えた[21]」。

本格的植民が始まって数年にしかならないのに、教会の行事は粛然と行われていたわけだ。この時司会をしたジョン・ウィルソン牧師も大物で、イングランド本国にも幅広い人脈を持っていた。

牧師や教師のような聖職者は、会衆の負担で支えられていたのは、現在と変わりない。しかし、コットンのような大物が飛び入りでやって来ると、その処遇については、それなりのコンセンサスが必要となろう。「ボストン教会は、コットン氏の渡航費と住宅の経費、それに彼とウィルソン氏の生活費の手当をするため、会合を開いた。コットン氏は渡航費と住宅のために、すでに八十ポンドを支払っている。そこで、（自発的な寄付により）およそ六十ポンドが住宅を完成させる費用として、さらにおよそ百ポンドが彼らの生活費として集められた[22]」とある。

キリスト教には、ユダヤ教時代から、十分の一税 tithe というのがあり、聖職者のように他に収入のない人を支える費用として醵出することになっている。このことについてはっきりさせる必要があったのか、次の記事がある。

「大いに検討を加え、真剣な意見を徴した後、主は、教師コットン氏に、牧師の生活費や、他のすべての教会の経費は、毎週献金によって集められる基金、すなわち教会の会計から支出されるべきであるということを、聖書に照らして明らかにするよう指示された。そこで、皆の同意を得た[23]」。

聖書には、「創世記」、「申命記」、「使徒行伝」、その他随所に十分の一税や献金に関する記述があるので、コットンも引用には事欠かなかったことだろう。しかし、このような議論が必要であったのは、会衆の中には様々な考え方の人がいたことを示すものと言えよう。

コットンは次第に発言力を増し、宗教上の疑義が生じると、意見を求められるようになった。宗教は政治と連動していたので、彼の意見は政治的意見でもあり、マサチューセッツ湾のみならず、ニューイングランド各地の植民地のあり方に大きな影響を持つこととなった。

一六三四年、コットンは、選挙のためのゼネラルコートで説教をして、その中で、「司政官は特別の事情がない限り、個人の状態に置かれるべきではない。また公の場で罪を着せられるべきではない。これは、司政官が公の裁判なしで、個人の自由保有権を奪ってはならないのと同然である[24]」と述べた。これを聞いた人の中には、この意見には直ちに賛成出来ないとする人もいたという。コットンは、信仰上では、かなり民主主義寄りの思想を持っていたようでありながら、一方では政治を行う者の支配権を重視した。彼の言葉として、「神は、教会にとっても、またコモンウェルスにとっても、デモクラシーが適当な体制だとは定めなかった。もし、民衆が支配者というのなら、支配されるのは一体誰なのか[25]」というのが残っている。

コットンは、一方では強烈な個性と信念を持ちながら、他方では、支配者層の一員として、体制の一環に組み込まれていたのである。ロージャー・ウィリアムズ追放事件でも、彼の意見が求められた。また、イングランドから一緒に渡って来たトーマス・フッカーがコネチカットへ去って行ったのも、コットンと肌が合わないという面もあったようだ。

一六三六年、アン・ハッチンソンを中心とするアンティノミアン騒動が喧しくなった。アン・ハッチンソンについては別のところでも触れているので、重なる部分も出て来るが、彼女とコットンとの係わりはとくに深いので、コットンの言動を通してこの事件を見てみよう。

ウィンスロップは、アン・ハッチンソンを次のように描いている。

「ボストン教会のメンバーであるハッチンソン夫人は、機知に富んだ向こう見ずの女性で、二つの危険で誤った考え方を持ち込んで来た。それは、①聖霊の位格は義《ただ》しい人に宿る。②聖化 sanctification は我々の義しさを証明する助けにはならない、というものである。この二点から、多くの枝葉が生じることになる。……この意見に、彼女の義弟ジョン・ホイールライト氏が加わった[26]」。

ホイールライトについては別に述べる。

神学上の議論は難しいのだが、ハッチンソンが言っているのは、義しい人には聖霊が宿るのであって、牧師の力や儀式によってなされる聖化という形式的行為によって義とされるのではない、と解釈してよいだろう。これは、牧師ないし教会の軽視であり、権威の否定に繋がる。

このことを聞いた湾岸一帯の牧師らは、ボストンに集まり、互いに相談の末、事実を確かめることになった。この会合にはコットンも出席した。聖化の点では、皆の意見が一致し、ホイールライトも賛成した。つまり聖化が義認の証拠となり得るということであった。しかし、聖霊の位格が個人の心に宿るという点では、コットンと数人の牧師が同意したが、それはハッチンソン夫人が言っているように、個人が聖霊と一体になるということではない、とした。

このように、信仰上の些細な意見の相違から、対立、抗争が生じたのである。

こうして始まったハッチンソン事件へのコットンの対応は複雑なものであった。ハッチンソンは、イングランド・リンカンシャの人で、同じリンカンシャのボストンで牧師をしていたコットンの説教に共鳴し、彼がマサチューセッツへ渡った後を慕ってやって来たコットンの心酔者であった。

初めの頃は、コットンはハッチンソンに対して好意的であった。むしろ、コットンは心の中では、ハッチンソンと似たような考え方を持っていたようだ。ハッチンソンは、周辺の教会の牧師らを激しく批判したが、常にコットンを例外とした。次の記事がある。

「コートはハッチンソン夫人を召喚し、彼女の言動について告発した。それは、彼女が毎週二回、自分の家で公開の説教をしており、いつも六十人から八十人が参加している。彼女は、牧師たちの大部分（つまりコットン氏以外は全部）は、完全な恩寵の契約を説いていないと非難し、彼らには魂の扉を開ける力はなく、新約聖書を教える能力に欠けていると批判しているからである[27]」。

ハッチンソンの目には、コットンは同志と映ったのであろう。恩寵の契約 covenant of grace とは、神の恩寵は、何の媒体も必要としないで、直接個人に及ぶ、という考え方である。

しかし、マサチューセッツ湾の体制は、ハッチンソンの信仰偏重の態度を、いつまでも許しておくわけに行かなかった。それは余りにも個人主義的で、民衆を引き締め、一つの秩序の中にまとめておきたい政府にとっては極めて不都合であった。

ハッチンソンは厳しい取り調べを受け、訓戒の処分を受けることになった。コットンが訓戒を与える役目を負うことになった。

　コットンは、彼女が渡来した当初の頃は、多くの人がキリストをないがしろにし、信仰をおろそかにして、誤った道を歩いていたのを、彼女がこれではいけないと警鐘を鳴らし、反省を促した事実は忘れてはいないとした上で、彼女が最近大きな基本的誤りに陥ったことで、彼女がこれまでに得た名誉にどれだけ傷がつき、キリストおよびその教会にどれだけ悪を為したか、を諄々と説き聞かせた。

　訓戒の言い渡しについては、次のように記録されている。

「コットン氏は、訓戒の判決を、極めて厳粛に、かつ彼女の誤りと魂の傲慢に対する激しい憎悪を込めて、言い渡した[28]」。

　ハッチンソンは、当分コットンの家に留まるのを許された。手許に置いて、直接教え訓すことになったわけである。二人はどんな会話を交わし、コットンはどんな言葉で彼女の誤りを指摘し、彼自身との考えの相違を明らかにすることが出来たであろうか。ジョン・コットンの心の中には、自分は偽善者ではないかとの疑念が、全く浮ばなかったと言えるだろうか。体制側に深く身を置くコットンにとっては、ハッチンソンのように純粋さだけを貫くわけには行かなかったのだ。

　ハッチンソンの説得を続ける一方、司政官、各教会の牧師、長老らの間で、真剣な議論の上で、ハッチンソン一味の思想が危険で有害だと決めつけるに足る神学的、政治的理論の組み立てがなされた。

　ハッチンソンは、時には軟化の姿勢を見せることもあった。しかし、信仰を至上とする最後の一線だけは譲らなかった。こんな記事がある。

「ハッチンソン夫人らに関して、他の様々な憎むべき誤りが発見された。そして、ボストンの人たちの多くがこれに汚染されているのが分かった。コットン氏は、（彼自身の言葉によれば）自分がいかに悪用され、彼らの隠れ馬 stalking horse にされているかに気付き、（というのは、彼女らはコットン氏が言っているのと同じこと以外には何も言っていないし、彼自身も同じ考えだと自負している）公私共に多くの時間を割いて、このような誤りによって道を踏み外す人のないようにしようと努めた。また司政官らは、付近の長老らを集めて、蔓延している害悪に対処する方法について、二日をかけて協議をした。ハッチンソン夫人らが密かに抱いていた誤った意見をいくつか挙げると、神の子には生得的な義はない、我々は法律には縛られない、安息日は他の日と変わりはない、身体の復活はない、等々であった[29]」。

結局、ハッチンソンは、教会を破門され、マサチューセッツ湾管内から追放された。

一六三八年、コットンの心境を窺わせる次の記事がある。

「長老からガヴァナーとコートに申し出があり、断食日が設けられた。主な理由は、植民地内に疱瘡や熱病が流行し、明らかに宗教の権威が衰退して、一般的に信仰を告白する人が極めて減少していることなどである。コットン氏は、その日ボストンで行った説教の中で、教会と同様に、彼自身の油断、怠慢、軽信が、多くの誤りを引き起こす原因となり、それが教会内にも広がっていることを告白し、嘆き悲しむ気持ちを表明した。そして、詳細な事例を挙げて、いかに彼が欺かれていたかを示した。彼が行った説教が、支持者らには誤って解釈され、その誤りが彼の言葉として、彼の知らないうちに広がったのである。彼は（名前は挙げなかったが）そのように他の人を誘惑した人たちが追放されたのは当然であったと述べた。しかし、彼は、次の点を付け加えた。単に間違った教えに惑わされただけだったり、（重大な悪でなく）一時的な良心の迷いにより誤った行動を取ったというような場合は、ある程度は許してやり、それから教会の手に委ね、もしそれでも矯正出来ない時は、追放するよりむしろ、投獄か罰金にした方がよい。追放されると他に受け入れてくれる教会はないに違いない」[30]。

コットンがこんなことを言ったのは、ハッチンソン事件の際に彼が取った処置への反省のようにも受け取れる。彼には、体制側に立って自分の信奉者を追放せざるを得なかったことへの苦衷があったに違いない。

一六三九年、コットンの説教に次のようなのがある。

「司政官が牧師の生活費の面倒を見なければならなくなった時は、教会は衰退の状態にある。牧師の生活費はボランタリーの献金によるべきで、土地の収益や十分の一税に頼るべきではない。これらの収入は、常に高慢、抗争、怠慢を伴っているからである」[31]。

この発言は、裏を返せば、政府が公金を使って教会をサポートしなければならない事例があったということだろう。コングリゲーショナル教会は、会衆の自主性を尊重するのが建て前である。

同じ一六三九年、商業倫理に関するコットンの見解が出されているが、植民地では教会がこのようなことまで心配する必要があったのか。

牝豚事件の項で触れたロバート・ケインという男は、ボストンで店を開いていたが、輸入品を法外な値段で売っているとの悪評が広まり、コートに召喚された。そして、一シリングに対して六ペンス以上、物によっては八ペンス、小さい物は一に対して二倍以上の利益を取っているなどの罪で告発され、有罪となり、二百ポンドの罰金が言い渡された。

植民地では、商人の横暴に対する反対の声が高まっていた。数人の長老や司政官が、ケインの不正な商行為に憎悪を表明した。その一方で、司政官の多くは、次の諸点を考慮すべきだとした。①商業上の利益を制限、規制する法令はない。②立場を利用して商品の値段を釣り上げるのは、誰でも何処でも普通に行われている。③今度は彼がターゲットにされたが、彼一人の問題ではない。④植民地内で行われている牛やコーンや人手（労働力）の売買にも、同じような価格の上乗せをしている。⑤売り手と買い手の間の公正なレートを定めるルールは、作っても実情に合わず、うまく行かない。⑥神の法に照らしても、倍額賠償以外の罰則はない。[32]

ロバート・ケインは、ゼネラルコートから処分を受けた後、ボストン教会に呼び出され、審問を受けた。彼は涙ながらに、強欲で不正であったことを認めて嘆いたが、細かな点については、品物の本当の値段を知らなかったなどと言って言い訳をし、①一つの品物で損をしたら、別の品物で取り戻せばよい、とか、②商売に馴れていなくて、イングランドで売られている値段より高く売らざるを得ない、などと弁解した。

そこで、コットン氏が、公の礼拝の時に説教をし、守るべきルールを示した。

まず、間違った商行為として次の事例を挙げた。①出来るだけ高く売り、出来るだけ安く買う。②海損などで損失を受けた時は、他の品物の価格に上乗せをして補塡してもよい。③高過ぎる値段で仕入れた品物は、値段が下落しても、仕入れ値段に応じて売ってよい。④商才を活用し、買い手の無知や品物の必要性につけ込んで、高く売ってもよい。⑤代金の支払いに時間がかかれば補償を求めてよい。

これに対して、正しいルールは次の通りであるとした。

① 現在の値段、つまりその時その場所で通用していて、その品物の価値を知っている人なら誰でも支払うであろう値段以上で売ってはならない。

② 自分の力量の不足により被った損失は、自分の失敗あるいは試練と受け止めるべきで、それを他の人に転嫁してはならない。

③ 海損などで損失を被った時は、神の意志により彼自身に投げかけられた損失であり、それを他人に押し付けて自分の負担を和らげてはならない。……しかし、品物に不足を生じた場合は、値段を上げてもよい。というのは、その時は神の手が品物の上に及んでいるのであり、人の手によるのではないからである。

④ 品物の販売価格以上を要求してはならない。エフロンがアブラハムに売った土地は、それだけの値段だったのだ（アブラハムがエフロンから墓地を買った話「創世記」二五・一〇）。

教会では、議論の末、ケインを破門にすべきだとの意見もあったが、大勢は訓戒に傾いた。コットンは、聖書の章句に照らして、ケインの行為は破門に値するほど重大ではないとし、訓戒を支持した。[33] 商業倫理は宗教的倫理の一環であったのである。

コットンの影響力は相当なものだったらしく、ボストン教会の移転、改築にからんで意見が割れた時、彼が調停に当たったし、マサチューセッツ湾植民地の基本法令集が編まれた時にも手を貸している。

一六四五年、イングランドからパートリッジという男がボストンへやって来た。キャプテンとあるから、本国では軍人だったのだろう。議会の議員を勤めたこともあるらしい。この男は、来航の途中船の中で、アンティノミアンやファミリスト的な考え方を宣伝したとして、ボストンに着いた後司政官に呼び出され、釈明を求められた。しかし、彼は審問には答えず、コットン氏に会いたいと申し出た。

コットンはパートリッジと会って話をし、その結果を司政官に報告した。それによると、この男の考え方は間違ってはいるが、彼自身何を言っているのか分かっていない。彼がこのような考えに取り付かれたのは最近のことのようだ。そして、話しているうちに、最悪の状態から脱して来て、完全に矯正出来る希望が充分に持てる、というものであった。しかし、司政官の中には、誤った考えを直ちに放棄しない限り信用出来ないとする人がおり、一方パートリッジは、完全に誤りだと確信出来るまでは、全面的に考えを変えるわけには行かないと主張した。司政官の中には、矯正の希望が持てることでもあり、冬も近く、彼の妻や家族に苦痛を味わあせたくないので、春先までここに逗留させてもよいのではないかとの意見もあった。しかし、多数（一、二票の差）で反対の表決をし、パートリッジは出て行くのを余儀なくされた。彼は家族と共にロードアイランドへ行った。「この厳格な処置に憤慨した人もいたが、賛成した人も多かった。外来者に対する持て成しと、誤りや悪魔の誘惑の残り火を消し止めたいとの願いの間では、明白な真理に頑固に反対しているのでない場合には、人の弱さには、もっと控え目で寛大であることが必要のように思われる」[34]とウィンスロップは記している。

この記事は、一六四五年のマサチューセッツ湾植民地では、異端者、とくにアンティノミアンやファミリストのような信仰偏重の個人主義思想を排除する体制が、一応確立していたことを示している。外来者をどのように処遇すべきかには、必然的に植民地に混乱を生じさせないという前提があったわけである。

ジョン・コットンは、イングランド本国では、話の分かる、信仰の面ではどちらかと言えばリベラルな人として知られていたようだ。イングランド国教会に疑問を持つ、いわゆるピューリタンにとっては、必ず理解して貰える味方であるに違いないとの期待を持って、ボストンへやって来た人もいたのである。パートリッジもその一人であろうが、コットンにすれば、これらの一人ひとりに「その通り」と頷いてばかりもいられなかった。コットンは、信仰の面では真剣であったが、その基盤として、個人の自由や逸脱を許さない、支配者の意識が横たわっていたのである。

コットンは、一六五二年にボストンで死去するまで、強力な影響力を持ち続けた。彼は多くの著作を残した。彼は政府の司政官にはならなかったが、教会から政府の意志決定に参画し、政治を支えた。当時のマサチューセッツの植民地の政治形態が、ピューリタン神権政治と評されるのは、ジョン・コットンのような人物の思想的支柱の上で政治が行われたからに他ならない。

5　去って行った燭台
――トーマス・フッカー

トーマス・フッカーはケンブリッジ出身の学者、聖職者で、イングランドにいた時から、彼の説教は人気があったという。しかし、彼のピューリタン的な傾向は、大主教の反感を買い、高等宗務裁判所へ出頭を求められたが、保釈金を放棄して一時オランダへ逃れた。一六三三年、彼はジョン・コットンらと共にマサチューセッツへやって来た。四十七歳という円熟した年齢であった。彼の名はすでに広く知られており、植民地は尊敬の念をもって彼を迎えた。彼の来航の様子は、ジョン・コットンの項で述べた通りであった。

到着すると、フッカーは直ちにニュータウン（のちのケンブリッジ）へ行った。そこには、すでに彼の支持者が集まっていた。

フッカーは、間もなくニュータウン教会の牧師となった。このフッカーも、到着早々、前にも触れたガヴァナー＝ウィンスロップと副ガヴァナー＝ダドリーとの不和のとばっちりを受けることになった。

フッカー到着後間もなく、ちょっとした事件があった。ボストンに砦を作るために課せられた負担金を、セイレムとサガス（のちのリン）が納入しなかったことから、ニュータウンも醵出を渋り、ガヴァナーから警告を受けた。これに対して、ニュータウンに住んでいたダドリーが返書を認め、彼の家に身を寄せていたヘインズとフッカーに託してガヴァナーに届けさせた。手紙には、激しい調子で、セイレムが金を出さない限り、ニュータウンは協力する意志はない、との決意を述べていた。これを見たガヴァナーは、問題はコートに係わることであり、このような挑発的な手紙は受け取れない、とフッカーに突っ返した。

その後間もなくして、ガヴァナーはダドリーに、豚を一匹差し上げたいので、好意の標として受け取って貰いたい、という手紙を出した。ダドリーが以前、食用として一、二匹の肥えた豚を買いたいと申し入れていたからであった。

これに対して、ダドリーは次の返事を送った。「あなたがあなた自身を克服されたことが、私の負けとなった。ヘインズ氏、フッカー氏、および私自身、あなたの好意は喜んで受け入れることにしたい。しかし、悪意ではなく、私はあなたの申し出を断ることにする。そして、単に二匹の豚についてのみ、あなたと交渉しよう」[35]。

こうして、表面上、二人の間はうまく収まったことになる。二日後にコートが開かれ、ニュータウンは賦課に応じ、セイレムも金を出すことになった。

この話は、何とも知れない話である、植民地全体の人口が一万人にも満たない頃のことであるから、政府もまだ生成中で、司政官も個人も感覚的には区別がなかったわけである。

フッカーにしろヘインズにしろ、到着早々このような場面を見せつけられて、どう思ったことだろうか。それぞれ、何らかの夢なり期待なりを胸にして渡って来たのではなかったろうか。彼らにしてみれば、マサチューセッツは、最初から、期待外れの感がなかったと言えるだろうか。

一六三四年、ニュータウンの住民らから、コネチカットへ移住したいと申し出があり、ゼネラルコートの議題となった。その先頭に立ったのがトーマス・フッカーであった。タウンが手狭なので、土地の給付を受けて拡張するか、または別のところへ移転するかが、前のゼネラルコートの時から問題になっていた。そして、むしろマサチューセッツを出て、コネチカットへ移ろうという議が、ニュータウンの中から起こったのである。これには土地の問題以外の理由があったのかも知れない。

ウィンスロップの『ジャーナル』には、次のように記されている。

「この件は数日にわたって議論され、賛成、反対の理由が次々に挙げられた。彼らが移転を希望する主な理由は、①家畜を飼う土地が不充分で、牧師らを維持するのが困難であるばかりでなく、仲間を呼び寄せて助力を求めることも出来ない。フッカー氏の主張によれば、タウンが互いに接近し過ぎている。②コネチカットは、土地が肥沃で広大であり、やがてオランダ人にしろイギリス人にしろ、他の者に占領される恐れがある。③皆の者が移住を強く望んでいる。

これに対して、次の意見が出された。①良心（信仰）の問題としては、彼らは我々から去るべきではない。我々は一体となって団結し、誓いによって、このコモンウェルスの繁栄を目指しているのである。②政治的、市民的政策の面からも、彼らの離脱を認めるべきではない。つまり、第一に、我々はなお弱体で、攻撃を受ける危険がある。第二に、フッカー氏が出て行くと、我々の仲間の中にも彼に従って行こうという人が多く出るだろうし、また我々のところへ来ようとしている人たちをも引き寄せることにならぬとも限らぬ。第三に、（コネチカット川に至るまでの土地の権利を主張し、すでに砦を築いている）オランダ人や、インディアンからの、明らかな危険に、彼らを晒してはならない。また、イングランド本国も、王の権利の及ぶ地域に、パテントなしで入植するのは許さないであろう。③他のタウンから土地を譲って貰って、現在の場所をある程度拡張して利用すればよい。④我々のパテントの範囲内で、メリマックか、その他の土地に移ったらどうか。⑤燭台 candlestick の移転には大決断を要する。避けた方がよい」。

コートの意見が割れ、投票にかけられることになった。各タウンから出された代議員のうち、十五人が彼らの移転に賛成、十人が反対した。ガヴァナーとアシスタント一人が賛成、副ガヴァナーと他のアシスタント全員が反対した。パテントによれば、アシスタント六人の賛成を必要としたため、この票決は無効とされた。そこで、ガヴァナーとアシスタント、それに代議員との間に、大きな対立を生じた。一方では、アシスタントに拒否の票決権を与えるべきでないというのに対し、他方では、（もしアシスタントが、数において上回る代議員をチェックする力を失ったら、コモンウェルスにとっていかに危険であるかを考慮すれば）これを守るべきだ、と主張した。

結局、この時は、ボストンとウォータータウンが土地を割譲して、ニュータウンを拡張することで結着した。[36]

一六三五年、約六十人の男、女、子供が、牛、馬、豚を引き連れて、陸路コネチカットへ向かった。

そして、長い困難な旅の末、無事に目的地に到着した。フッカーの先陣とも言える移住者であった。

フッカーは、その頃も燻り続けていたウィンスロップとダドリーの対立に、心ならずも巻き込まれ、ヘンリー・ヴェインが呼びかけた調停会合に付き合わされることになったのは、後に述べる通りである。しかし、フッカーは、結局マサチューセッツを去って行った。一六三六年、ウィンスロップは、フッカーの退去について簡単な記事を残している。

「ニュータウン教会の牧師フッカー氏と彼の教会の会衆の大部分が、コネチカットへ出て行った。彼の妻は馬駕籠に乗って行った。彼らは百六十頭の牛を率い、道中その乳を飲んで過ごした[37]」。

フッカーの転出経緯やそれに対してマサチューセッツ湾政府がどのように対応したか、ウィンスロップは記していない。

フッカーのように、イングランドですでに名を成した人物は、植民地へやって来ると、直ちに指導者層の中に迎え入れられ、同時に複雑な人間関係やトラブルに巻き込まれることもあったわけだ。一六三三年、ジョン・コットンと共に、同じグリフィン号で渡来したフッカーもヘインズも、マサチューセッツを去って行った。強烈な個性を持ちながら、時によっては節を枉げても体制（権力）の中枢に座り続けたジョン・コットンのようなタイプのピューリタンとは、フッカーやヘインズは何か噛み合わないものを感じたに違いない。

もう一つ、当時の植民地での移住について考えてみよう。イングランドからやって来る時も同様だが、移住と言えば、行き先に集落があり、取り敢えず落ち着く家屋があるだろうと考え勝ちであるが、実はそうではない。彼らは何もない荒野へ向かって出掛けて行ったのである。彼らが落ち着き先で建てた最初の家は恐らく家と呼ぶにはほど遠いものであったに違いない。木を伐り、かずらで結び合わせ、屋根には草や木の枝を並べて雨露を凌いだであろう。あるいは、馬に積んで運んで来たテントを張って、その中でごろ寝をしたかも知れない。

集団の指導者は、召使らを使って、真っ先に家らしい家を建てたであろう。しかし、集団の大部分の人たちは、テントの中や、掘っ立て小屋のような住居で、当分の間辛抱せざるを得なかったに違いない。煙突もない草葺きの家が火事になったという記録がしばしば見られる。そのうちに、既成の植民地や本国から、物資を取り寄せ、次第にタウンに成長して行ったのである。

このような集落に、人々はどれだけの愛着ないし執着を抱くだろうか。目を外に向ければ、広大な土地が広がり、無限の可能性の夢を与えてくれる。マサチューセッツ湾の体制は、必ずしも誰の肌にも合うようなものではなかった。出来れば逃げ出したいと考えた人は多かったに違いない。

フッカーは、ニュータウンの彼の教会の会衆の大部分を引き連れてマサチューセッツを去った。ロージャー・ウィリアムズの一団にしろ、アン・ハッチンソンの一団にしろ、集団の移動とは、おおむねこのようなパターンであった。一口に言えば、人々は住み易いところを求めて動き回ったのである。これを、一つの信仰で団結した集団がまとまって行動したと説明するのは安易なことである。

ジョン・コットンが、渡来前にイングランドで行った説教は、多くの人の共感を呼び、ピューリタンを生み出した。彼を慕ってマサチューセッツへやって来た人もいた。しかし、コットンの思想が一貫して彼らを束ね、まとまった信仰行動を取らせたかと言えば、そうではない。コットンの考え方も変化し、信奉者らも同じ考えのままであったわけではなく、それぞれの事情に応じて、ばらばらの行動を取ったのである。

フッカーは、あからさまにウィンスロップやコットンに反旗を翻してマサチューセッツを立ち去ったわけではない。しかし、彼は内心では、もっとデモクラチックな政治運営があり得るはずだと考えたに違いない。彼はコネチカット定住後、その憲法の基礎となった「基本綱領」Fundamental Orders を作った。

彼は、植民地連合の必要性を訴えた。

一六四七年、ハートフォードで死んだ。

フッカーがいたニュータウンは、一六三八年ケンブリッジと改名された。そこには、一六三六年ハーバード大学が創設されており、ボストンとも近接し、周囲には次々にタウンが作られていた。現在でも、何とはなしに狭隘な感じのするところで、他所には土地はいくらもあった当時としては、逃げ出したくもなったのであろう。

6 植民地連合を進めた
――ジョン・ヘインズ

ジョン・ヘインズは、一六三三年、ジョン・コットン、トーマス・フッカーらと共に渡来した大物の一人であった。

一六三四年の選挙で、トーマス・ダドリーがガヴァナーとなり、ヘインズはアシスタントに選ばれ、司政官に加わった。

一六三五年、ヘインズはガヴァナーに選ばれた。リチャード・ベリンガムが副ガヴァナーとなった。ヘインズはガヴァナーに選ばれると、演説を行い、その年彼の俸給に当てるための税金の賦課を免除すると述べた。それは、彼に示された人々の愛に対して敬意を表すると共に、最近公課が増え、貧しい人たちが苦しんでいる状況を考慮したためである、というものであった。ヘインズは、イングランドでは上流の階級で、裕福であったという。

ヘインズがガヴァナーの時代にも、支配者層の間の路線や権力をめぐる争いが続いた。ウィンスロップとダドリーとの路線争いの調停を、ヘンリー・ヴェインが買って出た時のガヴァナーはヘインズであったが、彼はどっちつかずの立場を取り、それなりの役割を果たした。ロージャー・ウィリアムズ追放の時のガヴァナーもヘインズであった。

一六三六年、ヘインズは、一期限りでガヴァナーを落とされ、ヘンリー・ヴェインがその後を継いだ。

その翌年、一六三七年、ヘインズは家族と共にマサチューセッツを去り、コネチカット（ハートフォード）へ移住した。僅か三年をマサチューセッツで過ごし、ガヴァナーまで勤めたヘインズが、何故に去って行ったのだろうか。マサチューセッツの人間関係に嫌気がさしたこともあろうが、コネチカットが新鮮で魅力的に感じられたのも事実であったろう。彼は、前年コネチカットに移っていたフッカーによる「基本綱領」に基づく初代ガヴァナーとなり、死去まで交替でガヴァナーを勤めた。ヘインズは、インディアン問題に関して大いに心配をした。そのこともあり、彼はフッカーと共に、植民地連合の結成に尽力、条項制定のため何度もボストンを訪れた。

植民地連合を作ろうという気運は、一六三七年、ウィンスロップがガヴァナーの時、マサチューセッツ湾とコネチカット、プリマスの間で起こった。インディアンに対する対策のほか、外国人の進出への対応、各植民地間の領界の策定など、一植民地だけでは解決出来ない問題が次々に起こって来たのである。

交渉は必ずしもスムーズに運んだわけではない。マサチューセッツ湾はエリート先輩としての自負があったようだ。実際にはプリマスが先輩なのだが、プリマスの入植者は経済難民の色彩が強く、またその頃の人口は千人前後であったようで、マサチューセッツ湾の強大化で影が薄くなっていた。一方、コネチカットは、マサチューセッツ湾の体制とは肌の合わない大物らが次々に移住して行き、またイングランドからも直接入植者が送り込まれ、次第に強大になって行った。

一六四三年、発議から六年後、マサチューセッツ湾、プリマス、コネチカット、ニューヘイヴン（その頃ニューヘイヴンは別の植民地であった）の四植民地からなる植民地連合を作る合意がなされた。ロージャー・ウィリアムズのいるロードアイランドは、マサチューセッツ湾またはプリマスの支配権が及ぶとの見解もあり、また異端性の強い植民地でもあり、連合には加えられなかった。その時のコネチカットの代表はヘインズであった。

アメリカ合衆国の胚芽とも言うべき植民地連合は、しかし、円満な友好と信頼によって生まれたわけではなかった。インディアンばかりでなく、オランダ、フランス、スウェーデンなどの外国勢力が周辺を脅かすようになると、これに対抗する軍事同盟的な色彩が強かったのは当然としても、同時に、政治体制、信仰形態、その他入植事情の異なる植民地間に生じる諸問題、境界線の確定というような一つひとつの問題をこじらせないように解決することが必要であった。しかし、交渉の過程では、相手の思惑や力関係により、互いに真意を計りかねて、疑心を抱くこともあった。ウィンスロップは、その様子を次のように記している。

「例の蛇が、我々を陥れる企みをした。我々と、コネチカットやプリマスの友人との間に、疑念と不和の種を蒔いたのである。後者とは境界線に関してであった。プリマス政府はシチュエート（プリマス植民地の北東端、ボストンの東側の海岸）の全部を、彼らの入植者に与えた。我々は、そのうちの湿地の部分をヒンガム（シチュエートに隣接するマサチューセッツ湾所属のタウン）の用地として要求したが、拒否された。そこで、我々は、チャールズ川を測量させたところ、もっと南までヒンガムに入ることが分かり、両者の会合で話し合うことにした。

また、我々とコネチカットの人たちとの間には多くの問題がある。その原因のすべては、彼らが我々の政府の下に入って来るのを嫌がっていることにある。我々は決して彼らを従属させようというのではないのに、彼らは疑心暗鬼なのだ。それ故、連合の綱領の中で我々が提案したのは、植民地間の紛争はすべて平和的に解決し、決して武力に訴えることのないようにということであったのに、彼らは主な条項案を変更し、骨抜きにしてしまった。最初の条項では、紛争が起こった時は、各植民地から二人、三人、またはそれ以上の委員を出し、協議の上多数決で決めることになっていたのを、彼らは、もし合意に至らなければ、各植民地に持ち帰って再検討をし、全員が賛成するまで、何度でも会合を開くことにしようというのであるから、それでは永久に時間がかかり、費用もかさみ、結局結論に達することは出来ないであろう。全植民地の教会が全部、一つの提案に一致して同意することなどあり得ないことだ[38]」。

植民地連合の条項は十二の項目から成り、目的、代表の選出、戦争の際の経費の負担、逃亡使用人や犯罪人の処置などが含まれていた。そして、その前文には、まず、「我々全員がアメリカのこの地域へやって来たのは、唯一つの同一の目的、すなわち、我々の主イエス・キリストの王国を推進し、福音の自由を純粋かつ平和的に享受するためであった」とし、また植民地が各地に散在するようになると、「我々および子孫にとって危険を生じかねないし、また現地の原住民もこれまでイギリス人植民地に対して様々な無礼や乱暴を働いて来たし、最近我々に敵対する勢力が結集している。また（聞くところによると）イングランドは分裂、混乱の状態で、そのため彼らから忠言を得たり保護を受けたりすることが期待出来なくなった。我々は、将来起こるべき事態に速やかに対処するため、互いに助け合い、力を出し合って行こうと、連合体を作ることにした[39]」。

もちろん、各植民地は小さいながらも、それぞれの政府を持っていた。各植民地は、二人ずつコミッショナーを出して、主として防衛問題の協議をした。

一六四三年頃になると、コネチカット西部へのスウェーデン人やオランダ人の進出が目立つようになり、領有権にからんだ紛争がしばしば起こるようになった。一方イギリス人も、ニューへイヴンからデラウェア川岸（現在のニュージャージー州西南部）地域へ入植を始めるなど勢力を広げて行き、すでに入植していた外国人と衝突した。

このような中で、植民地連合は、イギリス人相互の連帯を強め、ばらばらの植民地に一つのまとまりを持たせる求心力となったのも事実であった。

血は水よりも濃いという通り、マサチューセッツと肌が合わず出て行ったヘインズのような人たちも、結局はイギリス人という大枠の中で行動したのである。同じことはロージャー・ウィリアムズについても言える。彼はマサチューセッツを追放されたのに、最後までイギリス人植民地のために尽力した。

ヘインズは、一六三九年以降も、引き続き一年おきにコネチカットのガヴァナーを勤め、一六五四年ハートフォードで死んだ。

7　「ファミリスト」的異端者
――ウィリアム・コディントン

ウィリアム・コディントンは、イングランド本国にいる時に、マサチューセッツ湾植民地政府のアシスタント、つまり司政官の一人に決まっており、一六三三年に渡来するまで不在のままその職に選任された。

コディントンの到着の模様を、ウィンスロップは次のように記録している。

「メリーアンドゼイン号が……ロンドンから七週間で到着、百九十六人の乗客（子供二人だけが死亡）を運んで来た。アシスタントの一人コディントン氏が妻と共にこの船で来た[40]」。

コディントンが来たのは一六三〇年だったという別の記事もある。ウィンスロップの『ジャーナル』の一六三一年の項に、コディントンがウィンスロップの家での会合に参加したともある。

コディントンが到着した頃は、前にも述べたように、ウィンスロップとダドリーの対立の最中であった。彼もこの複雑な人間関係に巻き込まれることになった。

ボストン教会では、ジョン・コットンの渡航費などの手当をするための会合を開いたが、この時の会合で、ガヴァナー＝ウィンスロップとコディントンとの間で論争が起こった。ガヴァナーが、土地の区画のために自分勝手に委員を任命したのは、他の人の自由を奪うものだとして、コディントンが抗議をし、激しい口論となった、というものであった。しかし、次の安息日に双方が非を認め、和解を宣言したという。土地の区画というような行政上の事柄が、教会の会合で議論されていたのは注目に値する。それにしても、到着して間もないコディントンの目には、ガヴァナー始め、植民地の人たちのやり方が奇異に見えたのに違いない。

土地の割り振りに関して、次の記事（一六三四年）がある。「この日、……ボストンの住民が集まり、タウンの土地を配分するための七人の委員を選んだ。選挙は秘密投票によって行われた。その結果、ウィンスロップ氏、コディントン氏、その他重立った人は選ばれなかった。彼らが選んだ人の中には、長老が一人、執事が一人いたが、他は取るに足らない人ばかりだった。ウィンスロップの得票はその一人とは一、二票の差であった。彼らがこんな人を選んだのは、貧しい人たちには余り土地を与えず、広い土地は新来者のためや、共有地として保持しておいた方がタウンのためになると、ウィンスロップが常々言っていたのに、彼らが反発したためであった。コットン氏や数人の司政官がこの選挙の結果に腹を立て、司政官は職を辞すると言い出した。

ウィンスロップも、このように一、二票の差で決まるような選挙は承服しかねるとして、次のように述べた。自分としては、個人的に感情を害したわけではなく、また自分に対する皆の好意に疑いを持つわけでもないが、ボストンが、司政官、とくにコディントン氏のようにタウンの発展に常に熱心であった人を、ないがしろにした最初の例となるのを嘆くのである。このような悪い前例を残さないためにも、選挙の結果は受け入れ難いものである。そこで、コットン氏が動議を出し、このような問題はすべて、長老に任せるようにというのが、イスラエルびとへの主の命令であったとし、それぞれの立場の人から数人ずつ選ぶのがルールには近いということで、全員が選挙をやり直すことに同意した[41]」。

当時の民主主義の様子が窺えて、面白い。ガヴァナーや司政官に対する、選挙民のささやかな抵抗も、見事に潰されてしまったわけだ。

一六三七年のゼネラルコートでの選挙で、前にも触れたように、ヘンリー・ヴェインがガヴァナーから外され、ウィンスロップが返り咲いた。その時の様子を、ウィンスロップは「ヴェイン氏、コディントン氏、ダマー氏（全部があの派閥の人）は完全に外された[42]」と書いている。コディントンはヴェインらと共に、アン・ハッチンソンやジョン・ホイールライトに好意的であった。ここに、ウィンスロップら体制派とその反対派の離反が鮮明となった。

ボストンはタウンとして代議員を選ぶことになり、ガヴァナーを落選したばかりのヴェイン、司政官を外されたコディントン、それにもう一人を選んで届け出た。ところが、新しいコートはこれを不満とし、ボストンのフリーマンの中の二人が選挙の通知を受けていなかったのを理由として、これを差し戻した。ボストンは、次の朝選挙をやり直し、同じ人を選んで届け出た。コートは、これを拒否するわけに行かず、受理した。

ヴェインやコディントンは、公職から外された不満を教会でもあらわにするようになった。彼らは、教会で司政官の席に座ろうとせず、執事と同じ席に座った。ウィンスロップが、こちらへ来なさいと招いても、動こうとはしなかった。断食の日には、ホイールライトの教会へ行って礼拝を済ませた。ボストンにいられなくなったホイールライトは、しばらくの間、マウントウォラストン（現在のクィンジー）の牧師を勤めていたとされる。

一六三八年、コディントンは妻と共にロードアイランドへ移った。「（最初に渡来した時から政府のアシスタントであったが、妻と共にファミリストの思想に取り付かれた）コディントン氏は、ナラガンセット湾のアクィデイ島に移った」[43]とウィンスロップは記している。現在のロードアイランド州のロードアイランド島のニューポートである。

ファミリスト Familist とは、十六、七世紀にヨーロッパで流行した、愛を中心に据えた神秘的宗教集団で愛の家族 Family of Love とも言った。ウィンスロップは、恩寵の契約の延長線上にある考え方は、いずれもアンティノミアンであるとして、ファミリスト、求正派 seeker 、再洗礼派 anabaptist などの用語を使って非難しており、コディントンが実際にファミリスト集団と係わりがあったとは考え難い。

アクィデイに移ったコディントンは、その地でも司政官となり、のちにガヴァナーとなった。しかし、前に来ていたアン・ハッチンソンやその仲間らとは、必ずしもうまく行かなかったようだ。次のような記事がある。

「アクィデイでは人々は極めて騒々しく、コディントン氏や他の三人の司政官を追い落とし、ウィリアム・ハッチンソン氏（アンの夫）だけを選んだ。彼はとても穏やかで弱い性格の男であるが、この植民地でこれまでに起こったトラブルの元凶で、今でも混乱をひき起こし続けている妻の言いなりになっている。しかも、彼らは極めて無秩序に教会を開き、破門された人を受け入れたり、ボストン教会のメンバーで、まだ退会が許されていない人まで入会させている」[44]。

それはそれとしても、ロードアイランド各地に出来た植民地は、マサチューセッツを弾き出された人たちを主流として作られた。彼らは、マサチューセッツとは違った信仰形態と政治理念を持った。これは、マサチューセッツ湾の支配者たちにとっては苦々しいことであった。一六四〇年のウィンスロップの『ジャーナル』に次の記事がある。

「ボストン教会は……二人の教会員に手紙を託して、アクィデイにいるコディントン氏その他ボストン教会のメンバー（退会しないままで移って来た人たち）に、彼らが以前に抱いていた様々な宗教上の問題について態度を明らかにし、破門された人たちと交流するなど許し難い行動を取っていることについて説明を求めることになった。行ってみると、ニューポートに定住した人たちは、そこで新しく作った教会に入っており、我々の使者の言うことを聞こうとせず、また教会からの手紙を受け取ろうとはしなかった。使者らが戻って来てその旨を報告すると、長老および会衆の大勢は、この人たちが言うことを聞かないのなら追放せよ、と主張したが、全員の賛成が得られず、結論を得なかった」[45]。

使者らは、ニューポートの家を一軒一軒回って、一人ひとりの真意を確かめようとしたという。その中でも、ハッチンソンは、妻アンのことを、教会以上の存在で、真のセイントで、神のしもべである、と述べた。ニューポートの人たちは、一つの教会が他の教会に対して支配力を持つのはイエスの意志に反するとした。しかし、ボストン教会は、転籍の手続きをしないまま立ち去ったコディントンらを、まだ自分の教会のメンバーだと思っていたわけだ。

一六四一年、ニューポートの混乱に関するもう一つの記事がある。

「ニコラス・イーストンという皮鞣し職人は、すこぶる大胆で無知な男だが、ロードアイランドで別のトラブルをひき起こした。彼は、ガヴァナー＝コディントンが住んでいるニューポートで説教をしたが、その中で、彼は、人は自分では何の力も意志も持たない、人は神によって行動するのであり、神がすべての物に充満しているのであるから、神によらなければいかなる存在も行動もない。神が罪の造り主である。クリスチャンは、神の実体と結合しているのである、と述べた。……イーストンのこの意見に、コディントン氏ら数人が賛成したが、牧師やその他の人たちが反対し、公に異議を唱えた。彼らの間に対立が激しくなり、分裂が起こった[46]」。

ウィンスロップの偏見は割り引きするとしても、初期の植民地は、どこへ行っても、混乱と苦難に満ちていたのである。

コディントンは、一六四〇年にはニューポートのガヴァナーになっているし、ロージャー・ウィリアムズのプロヴィデンスプランテーションとの併合には反対したものの、結局ロードアイランド・プロヴィデンスプランテーションとなった後、三度にわたってそのガヴァナーに選ばれているのを見ても、コディントンがロードアイランドの中心人物の一人であったことが分かる。

コディントンは、一六七八年、ニューポートで死んだ。

8　メランコリーなデモクラット
――リチャード・ベリンガム

ウィンスロップと肌の合わない人は多かった。リチャード・ベリンガムもその一人であった。一六三四年マサチューセッツへ渡って来たベリンガムは、一六三五年の選挙でジョン・ヘインズがガヴァナーになった時、副ガヴァナーとなった。イングランドではベリンガムは弁護士であったというが、ヘインズと同じくエスクワイア Esq. の称号を付して呼ばれているのを見ると、名家の出だったのだろう。

一六三九年、ウィンスロップがガヴァナーの時、ベリンガムは司政官で財政担当であった。この時、ウィンスロップとベリンガムがコートの手続きのことで対立、激しい口論となった。事の起こりは、ベリンガムの義弟が原告となった裁判で、ベリンガムが義弟にひいきしたのをウィンスロップが咎めたのに対してベリンガムが反発したことにあった。

一六四一年、ベリンガムがガヴァナーに選出された。この選挙の結果にはウィンスロップは不満であったようで、その時の模様を次のように書き残している。

「ベリンガム氏を当選させるには、いろいろと画策がなされたようだ。投票数が数えられると、彼が他の者より六票多かった。しかし、投票していない人が何人もいた。その人たちはコートへやって来て投票を希望したが、数人の司政官に阻止された。その理由は、彼らがドアのところで投票しなかったからということであった。これは権利の侵害だと考えた人もあったが、係わりを避けて黙っていた。実は、ドアのところで投票するようにしたのはコートの命令ではなく、司政官数人の指示に過ぎなかったのである。選挙が終了し、それが公表される前に、フリーマンが投票を希望すれば、受け付けなければならないのは当然のことだ[47]」。

その後開かれたゼネラルコートは不愉快な騒動と抗争に終始した。ウィンスロップによると、「主な理由はガヴァナー（ベリンガム）にあった。イングランドでは、知恵と信仰深さにより尊敬された紳士であったにもかかわらず、現在では他の司政官の中には、民衆に対して彼以上の権力を行使したり、終身の役職が与えられている者もいるのに、彼自身は疎外されているとして（彼のメランコリーな性格から）競争心と嫉妬心を起こし、邪悪な心となり、公務においても常にこの人たちと反対の立場を取るようになった。これが仕事を停滞させるもととなり、多くの善良な人たちの嘆きを買い、人々の口にコート全体に対する非難の声が上がるようになった。そして以前には彼に対して尊敬の念を抱いていた人たちの目にも、つまらない人と映るようになった[48]」。

ベリンガムは次の選挙で敗れ、ガヴァナーをウィンスロップに譲った。

この頃から、政権の中で、司政官の権限を制限しようという動きがあった。各タウンが出した代議員の権限を強め、コートを二院制のような制度にしようというものであった。

ベリンガムは、常に弱い立場に置かれていた代議員の権限強化を支持する側に立った。前に述べたヒンガム事件やあとに述べるチャイルド医師の事件でも、彼は常に代議員らを支持し、司政官の多数とは反対の立場を守った。彼の一貫した民主的な姿勢は敬服に値するとしても、植民地をばらばらにならないようにするのに懸命であったウィンスロップらとは対立したわけだ。

ベリンガムは、ウィンスロップの死後、一六七二年に没するまで、大部分の時期にマサチューセッツ湾のガヴァナーを勤めた。

9　熱意のない植民の先駆者
——ジョン・ハンフリー

マサチューセッツ湾会社設立の功労者の一人であるジョン・ハンフリーも植民地での生活は必ずしも平穏ではなかった。

ハンフリーは、一六二九年、イングランドでウィンスロップらと共に、会社設立に参画した十二人の一人であった。そして、ウィンスロップをガヴァナーと決めた時、彼は副ガヴァナーに当てられたが、出発が遅れるというので、トーマス・ダドリーが代わって副ガヴァナーとされた。

ハンフリーは、一六二八年、マサチューセッツ湾会社の先駆けとなる土地のグラントを、ジョン・エンディコットらと共にニューイングランド協議会から受けており、マサチューセッツ植民の草分けの一人であった。イングランド本国にも広い人脈を持っていた。

一六三四年、ハンフリーは、妻を伴ってマサチューセッツに到着した。妻は貴族の娘で、銃器や弾薬を手土産に持って来て、植民地の人たちを喜ばせた。

ハンフリーのような金持ちにとっては、植民地は一つの事業場で、イングランドにいる時から、人を使って、毛皮の取り引きや漁業を行っていた。植民地の支配的立場の人たちも同様であった。一六三三年のウィンスロップの『ジャーナル』に次の記事がある。交易の荷物を積んだ船が、現在のメリーランド沖で岩礁に乗り上げて難破した時、「プリマスの人たちは四ホッグスヘッド（大樽）のビーバー九百ポンド分、かわうそ二百ポンド、マサチューセッツのガヴァナー（当時はウィンスロップ）がヴァージニアへ送った百ポンド近くのビーバーと魚、他に多くの人がビーバーを、ハンフリー氏が魚を失った[49]」。

ハンフリーは、到着前から毎年司政官の一員となっており、来着と同時に実際にその職に就いた。彼はその後も、植民地に財政的援助をしたという。

新大陸の各地にイギリス人植民地が出来て来ると、各植民地間の交易船や、本国との連絡船が、様々な情報を運んで来た。南部ヴァージニアやカリブ海諸島に散って行ったイギリス人たちは、それぞれ現地ではどんな生活をしているだろうか。これらの情報は、必ずしも正確とは言えなかったが、植民地の人たちは、伝えられる情報を通して、他の植民地と比較をした。一つには、自分の植民地が他所よりもよいに違いないと考えたかったであろうし、また他方では、現在の悲惨な状況からすると、他にはもっと住み易い植民地があるのではないかと考える人もいたであろう。一六四〇年、ジョン・ハンフリーはプロヴィデンスへ行きたいと言い出した。プロヴィデンスは、現在コロンビア領で、ニカラグア東沖の小さな諸島で、一六二九年頃から多くのいわゆるピューリタンが入植した。この間の事情をウィンスロップは次のように記している。

「多くの人が、南部諸植民地の事情を知りたがった。そして、ヴァージニアや西インド諸島の植民地はとてもうまく行っているのに、マサチューセッツは駄目だと考える人も多かった。それにもかかわらず、これらの地域からは、（人いに豊かであるはずなのに）最近もまた以前にも、衣類など生活必需品を求めて当地へやって来る。しかも、プロヴィデンスなどのカリブ海諸島やヴァージニアに見切りをつけて、当地に移り住んだ家族もある。この人たちは、移って来た時は、まことに痩せて不健康な顔付きをしていたのに、ここに住んでしばらくすると、肥えて来て、顔色もよくなった。それなのに、他の植民地の方が、生活が楽で、物も豊富だと思い込み、ここの財産を売り払ってプロヴィデンスへ移住しようとする者も多くいた。その中心人物がジョン・ハンフリー氏であった[50]」。

この記事は、新大陸のどの植民地にせよ、じっくり腰を据えて、すばらしい神の国造りに励むというようなことではなかったのを物語っている。

ウィンスロップの記事は続く。「（ハンフリー氏は）学識と行動力を具えた、信仰深い人で、このプランテーション設立推進の先駆けの一人で、これまで特段の尽力を惜しまない人であった。しかし、彼はここで財産を減らし（彼はリンに住居を持っていたが、使用人が納屋で火を起こしていて火事となり、火薬が爆発、すべてを焼失した）、子供も多く、プロヴィデンスの支配者たちと親交があったことから、何か役に立ちたいと申し出て、次期のガヴァナーになることで移住を決意した。そこで、彼は同行する者の募集を始めた。しかしこれは、ゼネラルコートからも、長老らからも、是認出来ないという声が上がった。西インド諸島にも信仰の場を広めることは必要であり、誰もその努力は惜しまないのだが、この植民地の信用を傷つけることは（というのは、ここでは生きていけないと、捨てて出て行くのだから）、神もお認めにはならないだろう[51]」。

このプロヴィデンス諸島は、一六四一年、スペイン人に占領され、イングランドからのピューリタン植民地は崩壊した。

結局、ハンフリーは移動を断念、マサチューセッツを見捨ててイングランドへ帰って行った。ウィンスロップは腹に据えかねたらしく、次のように書き残した。

「土地や家畜の価格の急激な下落、外国からの商品や貨幣の不足、イングランドからの入植者の減少など、人々は落ち着かない気持ちとなり、この地での生活が続けられなくなるのではないかと考えるようになった。そこで、急いでここを立ち去り、西インド諸島やロングアイランドのオランダ人植民地へ移って行く者（そこのガヴァナーがよい条件で招いたのだ）や、イングランドへ帰って行く者がいた。

イングランドへ帰って行った人の中に、司政官の一人ハンフリー氏、四人の牧師、一人の教師がいた。彼らは、どんな忠告をも聞き入れず去って行ったが、イングランド近くまでは順調な航海で、その間、牧師三人と教師は、植民地の人たちのことや、生活について悪口を言い続けた。その時、烈しい風が吹き始め、船は上下に揺れ、食糧その他の物資も底をつき、配給も跡切れ勝ちとなった。やがて、風が治まり、彼らはイギリス海峡へ辿り着いた。ところが、再び大嵐となり、帆を上げることも出来なくなり、絶望的となった。その時になって、彼らは神の前に跪き、すばらしい植民地と、そこに住む神の民を悪し様に罵ったのに対して、神が正義の手を振り上げたことを認めた。彼らのうち、フィリップス氏だけが彼らに加わらず、この植民地の人々や生活について好意的な話をしていたので、神は彼に免じて彼らの命を救い、今にも岩礁に乗り上げようとするところを、風向きを変えて、無事に陸地へ導かれた。

彼らは帰国はしたものの、生活は困窮し、何の楽しみも得られず、友人からは見捨てられる有様だった。その中の一人の男の娘は、やがて気が狂い、また二人の娘はまだ十歳にも満たないのに野卑な男に乱暴され、彼の家庭は汚れ果てた。教師は家を借り、数人の生徒を集めたが、疫病に襲われて、子供二人を亡くした。

同じ理由で他の場所へ移って行った人たちも何もよいことはなかった。彼らは窮乏を恐れて逃げ出したのだが、それ以上の窮乏に陥ったのである。恐れて逃げ出した悲惨さの中に、自ら飛び込んで行ったようなものだ。その上、彼らがこの地で享受していた神の導きや教会の友愛、その他の市民的自由を、全く失ったのだ。それに反し、ここに留まった人たちは、平和と安心を保ち、神の祝福を享受し、立ち去った人たちの上に振りかかった苦労や悲嘆を味わあずに済んだ[52]」。

ウィンスロップの記事は、かなりオーヴァーであるとしても、イングランドを出て、新大陸に入植した人たちが、一つの地域を選んで、そこに神の国を建設しようとしたのでは決してない。ジョン・ハンフリーのような指導的立場の人でさえ、自分たちで作った植民会社を見捨てて、結局はイングランドへ帰ってしまったのである。

当時、バーミューダを含む西インド諸島に約四万人のイギリス人が植民をしたという記録があるが、現在では、バーミューダを除き、イギリス人文化の痕跡は全くと言ってよいほど残っていない。

ウィンスロップの一六四〇年の記事に次のようなのがある。

「この月（一六四〇年十二月）の終わり頃、一隻の漁船がショール島（ニューハンプシャ沖）へやって来た。間もなく、もう一隻がやって来たが、このシーズンには、それ以後本国からの漁船は来なかった。彼らは、スコットランド人がイングランドで反乱を起こしたことや、議会が召集されたことなど、本国では全面的改革の希望が出て来たとのニュースを運んで来た。これを聞いて、我々の中にも、イングランドへ帰国を考え始める者も出て来た。また、本国からの今後の物資の補給は絶望的であるにしても、帰国しても生活の目処のつかない人たちは、南部にはもっとよい生活があるだろうと、移住することを考え、その目的で、ここの財産を非常に安く処分した。これが、通貨の欠乏と重なって、我々自身の商品の価格の急激な暴落をひき起こした。……人々は、お金もビーバーも手に入らず、借金が払えなくなり、去年、というより三か月前には千ポンドの資産があった人も、今では全財産を処分しても二百ポンドにしかならない。神が、外形的な金品がすべて空しいことを、我々に教えたのだ[53]」。

イングランドでは、一六三八年、スコットランドの反乱に遭い、一六四〇年四月には短期議会、同年十一月には長期議会が開かれ、これがオリヴァー・クロムウェルによる革命に繋がるのだが、イングランド本国での混乱は、直ちに植民地に動揺をもたらした。とくに、王の権威の失墜と議会の権力の強化は、民衆の自由の幅を広げることになり、イングランドも少しは住み易くなるに違いないと、植民地の人たちの間には帰国を考える人も出て来たわけだ。

ジョン・ハンフリーのように、マサチューセッツ湾会社設立に係わった植民の先駆けで、司政官を勤めた人物も、いろいろな思惑に振り回され、結局、財産を失い、イングランドへ帰って行ったのである。

10　非運のプリンス
――ヘンリー・ヴェイン

短い期間ではあったが、マサチューセッツ湾植民地の支配者層の一員として、その名を残すことになったのは、前にも触れたヘンリー・ヴェインであった。

ヴェインの父は、イングランド王室の信任篤い政治家、外交官で、貴族に準じる家柄であった。彼は、父の仕事の関係で、子供の頃からヨーロッパ各地を旅行、広い視野を持つようになり、次第にイングランド国教会に疑問を抱くようになったという。そして、国教会に批判的な、いわゆるピューリタンとなった。そして、父の反対を押し切ってマサチューセッツ移住を決意したという。父は、王に、息子の意向を説明して、数年間植民地で頭を冷やさせようということで、移住に同意したと言われる。

ヘンリー・ヴェインは一六三五年、マサチューセッツへやって来た。二十三歳の若さと、イングランド本国での高い社会的、政治的地位と人脈を背景にしたヴェインの目には、生成中の、未成熟な植民地の姿がどのように映ったであろうか。

ヘンリー・ヴェインは、マサチューセッツへやって来ると、植民地が、彼が心に描いていた理想の地でないことに気付いたようだ。支配者たちは派閥を作り、些細なことで対立、相争っている有様は、彼には異様にさえ思えたに違いない。ウィンスロップとダドリーの不和も困ったことだと思ったようだ。

ヴェインが到着した時のガヴァナーはジョン・ヘインズ、副ガヴァナーはリチャード・ベリンガムであった。到着後間もなく、植民地指導者層の不和、対立を目のあたりにしたヴェインは、早速その調停に乗り出した。植民地の人たちも、この毛並みのよい新来者が眩しく見えたに違いない。

ヴェインは、ピーター牧師と共に、ボストンで当事者らを呼んで会合を開き、仲直りの仲介をすることになった。ヒュー・ピーター牧師は、イングランドでもすでに著名の人であった。一六三五年、ヴェインと同じ頃マサチューセッツへやって来た。植民地では、漁業、造船、交易の振興を推進するなど、大いに力を尽くした。植民地の使者として本国へ渡り、クロムウェル革命に協力、王政復古後虐殺されるという運命を辿った人である。ヴェインは、自分の影響力とピーター牧師の威光により、植民地に平穏がもたらせると思ったのであろう。

この時の会合の模様を、ウィンスロップは次のように書き残している。

「ヴェイン氏とピーター氏は、植民地内での混乱が、意見の相違から起こり、司政官や他の指導的立場の人たちの間での感情のもつれにより派閥が生まれ、元ガヴァナーのウィンスロップ氏に加担する者と、前副ガヴァナーのダドリー氏に味方する者に分かれ、反目しているのを見て、ボストンで、ガヴァナー、副ガヴァナー、コットン氏、フッカー氏、ウィルソン氏とウィンスロップ氏、ダドリー氏、それに彼ら自身が集まって、話し合いをすることになった。ヴェイン氏が会合の趣旨を述べ、この会合の目的は、一層堅固で友好的な心の団結にあるとし、とくに重要な立場にあるダドリー氏とウィンスロップ氏の間には、和合が必要であるから、ここで互いに自由に意見を述べ合い、今後、何も胸の中に秘めておくことのないようにしたい、とした[54]」。

ウィンスロップとダドリーの基本的な相違は、ウィンスロップが、どちらかと言えば諸事に対して寛大であるのに、ダドリーは厳格な対応が必要だということにあったようだ。

会合では、話し合いの結果、十項目の合意がなされた。その大要は、政府および軍隊では一層の厳格さが必要であるということ、政府の決定に異論があっても、少数派があくまでも自説を主張することのないようにすること、さらに意見の相違によって個人的にグループを作り分派行動を取らないこと、などであった。

正義感に燃えた二十三歳の新米の若者が、錚々たる先輩を前に、お説教をしている情景が彷彿とするではないか。

一六三六年の選挙で、ヘンリー・ヴェインはガヴァナーに選ばれた。しかし、ヴェインの得意は長くは続かなかった。難問が次々にこのお坊っちゃんガヴァナーの上に降り懸った。そして、ついに、彼をマサチューセッツに居辛くさせる事件に巻き込まれることになった。

マサチューセッツ植民地を揺るがしたアンティノミアン弾圧事件は、政府と教会、信仰の自由と教会ならびに政府の権限など、植民地の体制そのものに係わる大事件であった。

アンティノミアン antinomian とは、nom すなわち律法、規律に対する anti つまり反対というのであるから、反律法主義、道徳律不要論、反戒律主義などと訳される。規律に縛られず、信仰さえあればよいというので、信仰至上主義ともいう。

アンティノミアン騒動にからんで、業《わざ》の契約 covenant of works と恩寵の契約との間の激しい論争があった。神との係わりを業、つまり行為を通して求めるか、神の恩寵は、信仰によって直接個人にもたらされるか、といった議論であった。

アンティノミアン事件について語るには、アン・ハッチンソンに触れないわけには行かない。前に述べたことと重なる部分もある。

アン・ハッチンソンは、一六三四年、夫、子供と共にマサチューセッツへやって来た。イングランドにいた頃、ジョン・コットンの説教に感銘を受け、一年前に来ていた彼を慕って来たのだという。彼女は、信仰深く、親切で、勝気で、頭のよい女性であったようだ。

ハッチンソンは、ボストン教会のメンバーとなったが、やがて教会の婦人らの人気者となった。そして、婦人たちが彼女の話を聞くため、彼女の家に集まるようになった。

ハッチンソンの考え方は、一口に言うと、神と人との間には何の媒体も必要としないで、信仰によって直接結ばれ得るというものであった。恩寵の契約の考え方である。彼女は、聖霊は義《ただ》しい人に宿る、人の行為としての聖化は義の証拠にはならない、と主張した。言い換えれば、義しい人は信仰のみによるのであり、儀礼や制度、手続きなどは必要ないということになる。

植民地は、ガヴァナーを始め司政官らによる政府が、その支配を通して、神の目に照らしてふさわしい国土を形成しようというのが大義名分をなしていた。そして教会が政府と一体となり、牧師らは司政官らと共に、その職務、つまり業を通して、神の正義を実現しようというのであった。

ところが、ハッチンソンらは、個人は聖霊によって神と一体となり、神の恩寵は直接個人に及ぶというのであるから、ガヴァナーその他の司政官や、牧師らの媒体を介さなくても、神と接触し、正義が実現され得るということになる。これは、権力の否定であり、個人主義であり、延いてはデモクラシーに繋がる。民主主義は、植民地においては、危険思想であった。

その頃、ボストン教会で、ハッチンソンの義弟ジョン・ホイールライトを教師にしようという話が出た。彼は義姉ハッチンソンの影響を受けて、彼女とほとんど同じ考えを持っていた。この提案に対し、教会のメンバーの一人（ウィンスロップだという）が反対した。この席にジョン・コットンもいた。コットンは、心の中ではハッチンソンやホイールライトに好意的であったのだが、表面的には体制側に立たざるを得なかったのであろう。信仰上の問題で激論となった。ホイールライトらが、聖霊と信仰者は人格的ユニオンにより一体となると主張するのに対し、ウィンスロップらは、夫婦のユニオンにおいても、男はあくまで男であり、女はあくまで女であるのであり、その事実は変わらないように、真の人格的ユニオンが成り立つはずがない、というような反論であった。ホイールライトはボストン教会にいられなくなって出て行った。

ハッチンソン一派の問題は、一六三七年、初めてニュータウンで開かれた教会会議でも取り上げられた。

会議で、植民地内に跋扈している誤った見解が列挙された（全部で八十項目あった）。聖書に対する誤解や、冒瀆的で危険な意見などが次々に挙げられた。会議で、これらを非難する決議がなされた。出席者のほとんど全員が非難決議に署名したが、少数の者は決議には賛成したが、署名するのを拒んだ。

ボストン教会からの代表者数名は、このように自分たちの教会員の誤りが指摘されたのを怒り、会議を立ち去り、二度と出席しなかった。

この教会会議は一か月以上も続き、激しい議論が行われた。そして、「婦人らが、祈りや修行のため集まること自体には問題ないが、ボストンで行われているように、毎週六十人以上の人が定期的に集まり、一人の婦人が、預言者のように教義の解説をしたり、聖書の講釈をしたりして指図をしているのは、秩序を乱すものであり、ルールに違反する」[55]との結論を下した。

ちょうどこの頃は、インディアンとの戦争、ピークウォット戦争が終ったばかりであった。ピークウォット族がコネチカット周辺で敵対行動を取り、イギリス人植民地を脅かすようになり、マサチューセッツ湾も参戦、兵を送った。

戦争は、イギリス人側の圧倒的勝利に終わったが、帰還した兵士らは、殺伐とした空気を持ち帰り、人心を荒立たせていた。その中では、個人主義や民主主義のような考え方に対する風当たりは強かった。

ハッチンソンは、教会からは破門されることになった。この時の様子を「彼女は破門されると、それまでいくらか落ち込んでいたのに、再び元気を取り戻した。彼女は、キリストに次ぐ大いなる幸福が身に振りかかったと言って、受難の中で輝いた」[56]と、ウィンスロップは書き残した。彼女はマサチューセッツ湾植民地からは追放の処分を受けた。

彼女は、夫や追随者らと共に、インディアンから手に入れたロードアイランドの土地に移り住んだ。彼女はこの地で子供を生んだが、それは鬼子であったと噂された。

ハッチンソンは、その後ニューヨークへ移り、その地で家族や数人の仲間と共にインディアンに殺される破目になった。人々は、神の教えに楯突いた罰だと言い合った。

さて、話をヘンリー・ヴェインに戻そう。

ハッチンソン事件では、ヴェインは終始ハッチンソンに味方した。純粋な彼にとっては当然のことであったろう。彼も、ハッチンソンの聖霊と個人のユニオンの意見に同調した。その結果、ウィンスロップら有力者派閥から疎まれるようになった。

ヴェインはガヴァナーになったものの、本国での門閥を振りかざしただけで、大した実績も上がらず、次第に人気を失った。在任中、彼の帰国を促す手紙が本国から届いた。

一六三七年の選挙では、ヴェインは完全に敗北、ガヴァナーをウィンスロップに明け渡した。この選挙の時、アン・ハッチンソンの義弟ジョン・ホイールライトの立場を擁護しようとして、ちょっとしたトラブルがあったことには前に触れた。

ヴェインは、結局マサチューセッツのピューリタンとは肌が合わず、間もなくイングランドに帰って行った。帰国後、ナイトに叙せられた。いわゆるピューリタン革命では、クロムウェルに就いたが、やがて彼と決別、国会議員を勤めた。王制復古後の一六六二年、反逆罪で処刑された。処刑は残忍だったという。

生一本のピューリタンで、二十三歳の若さで植民地のガヴァナーとなり、純粋さを貫こうと努めたヘンリー・ヴェインは、植民地でもイングランド本国でも、政治的、宗教的紛争に翻弄され、ついには命までも失うことになったのである。彼の性格によるものか、時代のなせる業か。

11　アン・ハッチンソンの義弟
――ジョン・ホイールライト

ジョン・ホイールライトは、義姉アン・ハッチンソンより二年遅れて、一六三六年、マサチューセッツへやって来た。ケンブリッジ出身の牧師で、義姉と同じくジョン・コットンの影響を受け、彼を慕って来たのだという。

ホイールライトが到着した時は、アン・ハッチンソンを中心とするアンティノミアン騒動の真っ只中であった。彼が到着すると、まずハッチンソンと同じボストン教会に入った。ボストン教会では、ハッチンソンの考え方に同調する人も多く、ホイールライトも最初から同派と見られた。

教会で、ホイールライトを教師に任用しようという議が起こった。その決議をしようとした時、教会員の一人が立ち上がって、この人事には同意出来ないと述べた。その理由として、この教会にはすでに有能な牧師がいて、その考え方もよく分かっている。その努力を神は愛と平和において祝福している。教会の安寧を少しでも危険に晒すことは避けるべきだ。考え方もよく知らず、異なる意見を持っているように見える人を任命するのには危惧を感じる、というものであった。

反対を唱えたのはウィンスロップであったとされているが、彼はホイールライトの危険な考え方として次の二点を挙げた。①信仰者は被創造者以上のものである、②聖霊の位格は信仰者と結合している。

神学上の議論は分かり難いのだが、ウィンスロップらが警戒したのは個人が信仰によって神に近づき過ぎ、社会の仕組みが無視されるようになることであった。教会のみならず、植民地政府の存在理由が問われることにもなりかねない。つまり、業の契約と恩寵の契約との間の意見の相違であった。

この時のガヴァナーはヘンリー・ヴェインで、ジョン・コットンと共にホイールライトに理解を示したが、ウィンスロップらの強硬な抵抗により、この提案は実現しなかった。ホイールライトは、当分はボストン教会に留まるものの、マウントウォラストンに新しく作られる教会の牧師となることで決着した。マウントウォラストンは、ボストン南部の小さなタウンで、のちのクインジーである。

この時、ホイールライトの教師選任に反対の意見を述べたウィンスロップの口調は激しいもので、公の席であのような棘のある言葉で人を批判するのは行き過ぎだと、ウィンスロップに対する非難の声も聞かれたという。

この頃、ボストン教会は、神学上の意見の対立で混乱していた。ガヴァナーのヘンリー・ヴェイン、副ガヴァナーのウィンスロップ、牧師ジョン・ウィルソン、ヒュー・ピーターや教師ジョン・コットンなど、のちに人の目にはピューリタン植民地形成の立て役者とも言うべき錚々たる人物が、一つの教会の中で、聖霊は個人に宿るかとか、聖化は義の証拠になるかとか、どちらかと言えば信仰そのものには付属的な問題で、意見が割れ、対立していたのである。

一六三七年、ホイールライトは、斎日（断食日）に説教をし、業の契約の道を歩む者をことごとく痛烈に非難し、聖化を義認の証拠となすと主張する者は非キリスト者であるとし、辛辣かつ激烈な言葉で人々を煽動した。

ホイールライトはコートに呼び出され、この説教の真意について説明を求められた。これに対して、彼は、自分は正しいことを言ったまでだと主張した。そこで、他の教会の長老らを集めて意見を聞いたところ、全員がホイールライトの考えが誤っており、業の契約が正しい道であると一致した。

コートは協議の末、ホイールライトを騒乱煽動と教会侮辱の廉で有罪と断定した。コートが斎日を設定したのは、人々の間の意見の対立を和らげるのが目的であったのに、彼は故意に対立に油を注ぎ、これを増幅させたのである。ガヴァナー＝ヴェインとその派閥の者数人は、ホイールライトが正しいとしてコートの手続きを非難したが、退けられた。ボストン教会もまた、ホイールライトを擁護する陳情書を提出した。そこで、コートは判決を延期し、その間に、彼の口を封じる方法はないかと、牧師らと相談をした。そして、彼の説得をボストン教会に委ねることにした。しかし、ホイールライトの態度は変わらなかった。

その年の選挙当日は、大荒れに荒れた。ヘンリー・ヴェインは、自分がガヴァナー在職中に、ホイールライトの名誉回復を実現したいと考えていたようだ。ホイールライトを支持する陳情書が出されていたので、ヴェインは、選挙の前にこれを読み上げ、懲罰の決定を取り消させようとした。陳情書の読み上げに賛成する派と、反対する派との間で、激烈な議論が交わされた。結局、読み上げ反対派が勝ち、陳情書は読まれないまま、選挙が行われた。ヴェイン一派は惨敗した。

ホイールライト一派とその反対派は、その後も様々な形で衝突し、互いに自派の正当性を主張して譲らなかった。ホイールライトは、自分が否定されたら、イングランドの王に訴えて救済を求めると言った。また、民衆を煽動したのが事実ならば、死をも辞さないと公言した。

ヘンリー・ヴェインはマサチューセッツを去り、イングランドへ帰って行った。ウィンスロップ側の人たちは、支持者を失ったホイールライトが、態度を和らげ、両派の対立が解けるのを期待した。

しかし、ホイールライトらは、これまでの意見に固執し、以前にもまして忙しく立ち回って混乱を助長した。そこで、ゼネラルコートは協議の上、二つの異なる派閥は同一団体に収まることは出来ず、放置すれば明らかに全体を破滅させる危険がある、との結論に達し、首謀者数名を追放することに同意した。

これに対して、ホイールライトの派閥の者六十人以上が署名した抗議文が提出された。それには、ホイールライトに罪がないのは確実であるとし、コートがキリストの真実を非難しているのだと、様々な中傷的かつ煽動的な言辞が連ねられていた。

署名者の中のウィリアム・アスピンウォールは、ボストンを代表する代議員であったが、抗議文の起草者であったため、代議員を退任させられ、フリーマンの資格を剥奪、追放された。ジョン・コギスホルは、抗議文に署名はしていないものの、それに同意すると公言していたので、同じく代議員を退任させられ、フリーマンの資格を剥奪された。そこで、コートはボストンに対して代わりの代議員を出すよう指示をした。ところが、ボストンはまた同じ人物を代議員にしようとしたので、コットンが仲介をし、大騒ぎの末、これを思い留まらせた。

コートはホイールライトを召喚して審問をした。しかし、彼は自分の説教の内容、意見、行動の正当性をあくまでも主張し、聖職および公式の礼拝を辞めるのを拒否したため、フリーマンの資格を剝奪の上、追放されることになった。

そこで、ホイールライトは、イングランド王にこれを上訴する手続きをした。しかし、本国からは証人の呼び出しもなく、何の処置も取られなかった。コートは彼に対し、上訴は成立しない旨を説明した。その理由として、王のパテントにより、植民地政府は、何の制限もなしに裁判を行う権限を与えられていることを言い聞かせると、彼は上訴を断念した。

コートはホイールライトに、十四日以内に管内から立ち退くよう申し渡した。

同じ頃、別に述べる彼の義姉アン・ハッチンソンの裁判も並行して行われていた。彼女も追放されたわけだが、ホイールライトは彼女とは別行動を取った。

ホイールライトは、仲間と共に現在のニューハンプシャ州のエクセターに移住した。ニューハンプシャ南東部には、すでにマサチューセッツを食み出した移民者らが入植していた。一六三八年の『ジャーナル』の記事に、「この夏二十隻の船が少なくとも三千人を運んで来た。そこで、新しい入植地を探す必要が生じた。一つはメリマック、もう一つはコンコードから四、五マイルのところに、さらにもう一つはウィニコウェットに入植地を開いた」[57]とある。ウィニコウェットが、ホイールライトらが移住したエクセターとなった。

ホイールライトは、所有地を拡張するのに、インディアンから土地を購入した。そして、マサチューセッツ湾のゼネラルコートに手紙を送り、購入した土地はすべて農地として使いたいが、別に何か用途があれば示して貰いたい、また、この地へのマサチューセッツからの移住は思い留まってほしいと申し入れた。

これに対して、ゼネラルコートは返書を送り、次のように伝えた。「そのようなやり方は、友好的近隣関係、宗教および常識に反すると考える。我々がウィニコウェットを我々のパテントの範囲内であるとし、また空地居住により一年以上も前に家を建てて所有しているのを知った上で、怪しげな地権を購入したとして、我々の権利について問い合わせるとはどうしたことか。……また明らかなことは、インディアンは、彼らが現に保持し、かつ活用出来る土地に対してのみ自然の権利を有するのであり、その他の土地については、これを活用し、また活用しようとする者に広く開放されているのである[58]」。

新大陸の土地は、原住民であるインディアンに所有権があるとするナイーヴな認識に対して、ヨーロッパ人の多くは空地居住という論理で植民をしたのである。その是非を論じるのは無意味であろう。

ウィニコウェット（エクセターからハンプトン付近一帯）を含む現在のニューハンプシャ州からメイン州の一部にかかるメリマック川とケネベック川との間の地域は、一六二三年、ニューイングランド協議会からファーディナンド・ゴージスとジョン・メイソンにパテントが与えられた。ゴージスはプリマスヴァージニア会社の設立者の一人で、その後を継いだニューイングランド協議会でも有力なメンバーであった。そして、ゴージスが東北部メイン、メイソンが南西部ニューハンプシャに植民を企てたが、いずれも散発的で、実効的な政府を持つには至らなかった。ゴージスや彼の意を受けた者が、後々まで権利を主張したが、実質的な意味はなかった。マサチューセッツの強力化に伴い、この地域の入植者らは、マサチューセッツ湾政府の支配と保護を自ら望むようになった。

一六三五年、エクセター近くのタウンのガヴァナー（山村の部落の長と思えばよい）から、教会で礼拝中に二人の男が男色を犯したとして、マサチューセッツ湾政府に裁判を依頼したという記録がある。まだ政府機構が出来ていなかったわけである。従って、マサチューセッツ湾政府が、ウィニコウェット一帯にも支配権が及ぶと考えるようになったとしても不自然ではない。

このような状態のところへ、マサチューセッツを食み出した人たちが次々に移り住んで来た。

一六三八年、エクセターのホイールライトは、ボストン教会に退会の許可を求めて認められた。現地で教会を作ることになり、聖職に就くため、前の教会との関係を、穏便に絶つ必要があった。

一六三九年、マサチューセッツ湾のガヴァナー＝ウィンスロップは、ゼネラルコートの指示により、エクセター一帯の人たちに手紙を送り、マサチューセッツで罪を犯し追放された者を、その理由を確かめることもなく受け入れているのは、近隣の信義に反すると伝えた。この手紙を書いた理由は、この地の人たちがホイールライトの入植を援助し、また同じようにマサチューセッツから弾き出されたジョン・アンダーヒルのような男を、その地のガヴァナーにしようとしていたからである。

マサチューセッツにいられなくなったホイールライトやアンダーヒルのような人物は、マサチューセッツとは一線を画した政府を作ろうとしたが、マサチューセッツ湾の体制が強力になるにつれて、これら周囲の弱小植民地は、これを無視しては存立が難しくなった。

一六四三年、ホイールライトは、ガヴァナー（ウィンスロップ）に手紙を送り、彼の追放を解除して貰う交渉のため、ボストンを訪問する許可を求めて来た。コートは、十四日間の訪問を許可した。ボストンへやって来たホイールライトは、数人の長老と話し合い、追放解除の仲介を依頼した。

一六四四年、現在のメイン州南部のウェルズの教会の牧師となっていたホイールライトは、ガヴァナー＝ウィンスロップに手紙を送り、過去における自分の言動に非があったことを認めた。彼はその手紙の中で、義認とその証拠についてあのような意見を述べたのは「サタンの誘惑と、自分自身の混乱した感情を映した偽りの影」であったとし、心から反省しており、「ここに、これまでの罪深い言動を告白し、謙虚に、名誉ある政府の許しを乞うものである[59]」とした。

これに対して、コートでは、直接出頭させて真意を確かめるべきだとの意見もあったが、再度確認の手紙を書かせた上で、追放を解除した。

ホイールライトのような有能な牧師の復帰は、マサチューセッツにとってもマイナスではなかったようだ。彼は一時イングランドへ渡ったが、クロムウェルからも好意を寄せられたという。ニューハンプシャで、聖職者として八十八歳で死んだ。

12　ピューリタン新教の教祖
――サムエル・ゴートン

サムエル・ゴートンのイングランドにおける経歴ははっきりしないが、上流の家で生まれ、よい教育を受けていたという。

ゴートンは一六三七年、ボストンへ渡って来た。彼はピューリタンといっても過激というか、異常というか、特殊な考え方の持ち主であった。信仰の対象となるのはイエス・キリストだけであるとして、三位一体を否定、天国も地獄も存在しないとし、個人一人ひとりが牧師であるのだから、有給の聖職者を置く必要はないと主張した。

ゴートンが到着した頃のマサチューセッツは、アンティノミアン騒動の渦中にあり、彼の落ち着けるところではなかった。そこで、彼はロードアイランドへ移った。最初ナラガンセット湾のアクイドネック（現ロードアイランド島）へ行ったが、現地のガヴァナー＝ウィリアム・コディントンと衝突、笞打ちの刑を受けたというが、真相は分からない。その後、ロージャー・ウィリアムズのプロヴィデンスに移ったが、ここでもうまく行かず、その南方にシャオメットを開いた。シャオメットは、のちにゴートンの支援者の名に因んでウォーウィックと改称した。

サムエル・ゴートンが初めてウィンスロップの『ジャーナル』に登場するのは、一六四二年の次の記事である。

「プロヴィデンスの人々は、全部が再洗礼主義者であるが、考え方は同じではない。幼児洗礼だけに反対の人もいるし、司政官や教会の存在を全く否定する人もいる。このうち最近アクィデイ（アクイドネック）で笞打ちの刑に処せられたゴートンは、後者の教師であり、隊長であった[60]」。

別のところで述べるように、両派は武装して対立、片方がマサチューセッツに支援を求めるという事態になった。しかし、この記事にはウィンスロップの偏見が入っているので、割り引きして読む必要があろう。

一六四三年、ゴートンは、シャオメット、現在のウォーウィック周辺の土地をインディアンから購入した。ところが、これが付近のインディアンの間で対立をひき起こし、マサチューセッツ湾政府を巻き込んだ紛争の原因となった。その事情を、ウィンスロップは次のように記録している。

「サコノノコとプムハムというプロヴィデンス近くの二人の酋長は二、三百人の手勢を持っていたが、ナラガンセットの酋長ミアントノモーがゴートンと組んで彼らを威圧し始めた。ゴートンらは、ミアントノモーとその仲間の土地を購入することとし、二人に書類に印を付けさせ、ミアントノモーに代金を支払った。ところが、もう一人は、土地を売る意志はなかったが、ミアントノモーが怖くて書類に印を付けたのだと言って、彼の分の土地の代金を受け取らなかった。そして、この男は仲間と共に、我々（マサチューセッツ湾政府）のガヴァナーのところへやって来て、ベネディクト・アーノルド（インディアンの言葉を話し、のちにロードアイランドのガヴァナーを勤めた）を通訳として、我々の管轄の下に入りたいとの希望を述べ、約十尋《ひろ》のワンパムを贈り物として持参した。ガヴァナーは彼らを力づけたが、これはコートの問題であるから、贈り物は一旦預っておき、コートが対応できない時は返還することにした。そして、我々は相談の上、ゴートンとその仲間に書簡を送り、酋長らが不満を持っていること、彼らが我々の管轄の下に入ることを希望していること、それ故、もしこれに異議があれば、次のコートに出頭するか、代理の者を送るようにと伝えた。またミアントノモーにも同様のことを伝えた」[61]。

さらに、ウィンスロップは、ゴートンらの動向にからめて、インディアンのイギリス人政府への臣従、ならびにキリスト教への改宗の模様を、次のように書き残している。

「これより前、ゴートンと仲間十二人が、我々のコートに四枚からなる手紙を送りつけ、その中で我々の司政官や長老、教会をファミリスト的な訳の分からない観点から非難し、そして酋長から土地を購入したことの正当性を主張し、命に賭けてもこれを守り通すと宣言した。彼らはさらに、もし我々が兵を送るというのであれば、これを迎え撃ち、神は彼らの勝利を保証している、と述べていた。

そこで、コートは、話し合いのために使者を二人派遣して、土地譲渡の書類に全員の署名があるかどうか確かめさせることにした。使者らは、やっとのことで、ゴートンと仲間二、三人を探し出し、土地の譲渡に関する書類が存在し、間違いないことが確認された。

使者らはまた、任務として、臣従を申し出た二人の酋長に会い、彼らを我々の管轄の下に受け入れる条件について話し合った。彼らは大へん従順らしく、十誡について次のような問答をした。『①問、天地を創造した真の神を崇め、悪口を言わないか。答、我々はイギリス人の神を尊敬し、悪口を言わない。イギリス人の神は、他の神々よりも人々によいことをしているからである。②問、偽証はしないか。答、我々は誓いがどんなものか知らなかった。③問、主の日に不必要な仕事をしないか。答、その日に休むのは些細なことである。どんな日でも大してすることはないのだから、その日を守ることが出来る。④問、両親や先輩を尊敬するか。答、我々のしきたりがそうである。後輩は先輩に従うことになっている。⑤問、正しい理由があり、正しい権威によるのでなければ、人を殺さないか。答、結構である。我々もそれを望む。⑥⑦問、姦淫、不倫、獣姦は犯さないか。答、姦淫や不倫は我々の間でも行われているが、許しているのではない。だから悪行だと考える。盗みについても同様である。⑧虚言は悪いことだから、許さない。⑨問、子供に神の言葉を読ませ、真の神の知識を持たせ、その神のやり方に従ってこれを拝ませるようにするか。答、イギリス人が我々の間に来る機会があれば、彼らのやり方を学びたい』。

コートで協議の結果、酋長らの申し出を受け入れることになった。ガヴァナーは彼らをボストンへ呼び、臣従の文書を起草、ベネディクト・アーノルドを通して、長老その他大勢が見守る中で、文書を詳細に理解させ、彼らは自ら文書に署名した。我々が、彼らを盟友としてではなく、従臣として受け入れるのだと告げると、彼らは我々と較べると弱小であるから、それ以上は期待しない、と答えた。

そこで、彼らはガヴァナーと同じ部屋で食事をした。テーブルは別であった。そこにいた者は皆、彼らを激励し、何時でも歓迎するから訪問されたい、ただアーノルド氏の手紙を携行するように、そうしないと他のインディアンと区別がつかないから、などと話した。ガヴァナーがささやかな贈り物を進呈し、彼らは喜び、大いに満足して帰って行った。これは、我々の祈りの成果であり、我々の希望が初めて実ったと考えた。この事例が、他の者たちにも及び、主は、このような方法で、彼らを開化へ導く道を開かれているのだ。彼らはやがて福音に触れ、受け入れることになるのだ[62]」。

インディアン臣従の文書は次の通りであった。

「この文書には、次の諸事項を規定する。すなわち、ショーワモックの酋長プムハムおよびパッゼット等の酋長サコノノコは、諸氏の前で、自主的に、またいかなる強制や説得にもよらず、自由な意志により、我々自身および輩下の者、土地、財産を、マサチューセッツ政府の管轄権の下に置くこととし、我々が理解出来る限りにおいて、彼らの正しい法令に従い、彼らの支配および保護を受けるものとする。さらに我々は、我々自身、輩下の者、および子孫が、前述の政府に対して、真実かつ忠実であることを約束し、我々の能力の限り、その維持を助け、この政府に対するいかなる陰謀、攻撃計画、または悪意があることを知った時は、いつでも、速やかに通告することとし、また折に触れて、神の知識と信仰についての指導を喜んで受けることを誓約するものである[63]」。

この文書にあるショーワモックやパッツゼットは、プロヴィデンスの南の地域で、ゴートンが購入したとされる土地と重なり合う部分もあったと考えられる。それにしても、入植開始後十五年そこそこのマサチューセッツ湾植民地が、周辺のインディアンを圧倒し、イギリス人の文化が浸透して行った様子が窺える。しかも、インディアンのキリスト教への改宗も急速に進んだようだ。早い時期に、洋服をねだりに来たという記録もあるから、イギリス人の文化が、あらゆる面で、インディアンを征服して行ったことになる。

この時、土地をゴートンに売ったインディアンの酋長ミアントノモーは、しかし、不運な最後を遂げることになった。彼は以前から、コネチカットのモヒガン族と敵対関係にあった。モヒガン族のウンカスが、彼の親族の酋長を襲って部下らを殺し、家を焼いたりしたことから、ウンカスに対して戦いを挑んだが、敗北、捕らえられた。ウンカスはミアントノモーをハートフォードに連行、イギリス人司政官に差し出した。

この時にはすでに、植民地連合が作られており、インディアンに対するイギリス人の実質支配が強まりつつあった。とくに、この争いについては、ゴートンがミアントノモーの釈放を求めたことから、イギリス人を巻き込んだ問題となった。

植民地連合の代表者らがボストンに集まり、協議をした。ミアントノモーを死刑にする根拠はないとの意見が強かったが、長老らの意向により、結局死刑にすることに決した。しかし、さすがに、イギリス人自身の手によって処刑するわけには行かず、ミアントノモーの身柄をウンカスに引き渡し、イギリス人側の意向を伝えた。ウンカスは彼を自分の支配地内へ連れ込み、ウンカスの弟の手によって彼の首を撥ねた。現場にはイギリス人が立ち合い、ウンカスの身を護るために兵を配置、イギリス人の同意の下でこの処刑が行われたことを明らかにした。

ここに、イギリス人にとって、これまで友好的で協力的であったインディアンの酋長の一人が葬られたのである。しかも、インディアン同士の紛争に、イギリス人の間の対立をからめて、かなりずるいやり方で、介入して行ったことになる。

　ゴートンと周辺とのトラブルはその後も続いた。同じ一六四三年、プロヴィデンスの近くのパッゼットに住むイギリス人と二人のインディアンの酋長が、ゴートンとその仲間によって引き続き損害を被っているとの不満がマサチューセッツ湾政府に訴えられた。このイギリス人らはマサチューセッツ湾政府に臣従を申し出ていたので、ゼネラルコートはゴートンらに手紙を出し、出頭して申し開きをするよう求めた。しかし、ゴートンらは出頭を拒み、使者に対して無礼な態度で臨み、その上教会や司政官を誹謗し、その他挑発的な言辞を連ね、我々の力を軽視するような返書を送りつけて来た。

　その後数回催促の手紙を出したが返事がなく、マサチューセッツ湾政府は、その他のイギリス人やインディアンから証言を得て、武力をもって彼らを征圧する決意をした。そして、さらに説得を試みたが、満足すべき返答が得られなかったので、三人の指揮官に四十人の兵士をつけて派遣することになった。

　兵隊はプロヴィデンスに到着した。途中でゴートンから手紙を受け取ったが、前の手紙と同じ内容で、迎え撃つ準備は出来ているというものであった。近づいて行くと、彼らは全員、堡塁を備え、防弾装備をした二軒の家に立て籠っていた。しかし、プロヴィデンスの人の調停によって、彼らは交渉に出て来たが、互いに当事者として、対等の立場で話し合おうと主張した。

　この報らせを受けたゼネラルコートは、協議をしたが、そのようなやり方では正当性がなく、また安全でも名誉なことでもないと、次の理由を挙げた。①我々が兵を送るまで、彼らは何ら平和への提案をしなかった。②インディアンとイギリス人らは、自分の意志で我々の管轄権の下に入っているのだから、彼らとの間の事件には我々に裁判権がある。③彼らは国家ではない。法も政府も持たない少数の逃亡者に過ぎない。我々の名誉の上からも対等の交渉は出来ない。④彼らは対等の当事者と言っているが、そのようなことは、我々も他の植民地も認めない。⑤彼らの手紙の中の冒瀆的な罵詈雑言は、調停によって片付けられるような事柄ではなく、悔悟と公の謝罪、または公の処罰によってのみ清められるものである。

こうして、攻撃の命令が出された。兵隊は彼らが立て籠っている家に進み、近くの塹壕から銃撃をした。しかし、家の中では被害がなかった。やがて、三人が出て来て逃げ去り、残りの者は降伏した。この者たちはボストンへ連行され、獄に繋がれた。双方の間ではかなりの撃ち合いがあったのに、死傷者が出なかったのは、神の特別の摂理によるもので、兵士らも全員無事に帰還した。[64]

この時逮捕されたのは九人であった。彼らはガヴァナーの前に連れ出されると、自分たちはマサチューセッツ湾政府の管轄外にあり、罪人ではないと主張した。彼らは改心するよう求められ、次の主の日に教会に呼び出された。

コットンが、「使徒行伝」十九章から、デメテリオがアルテミス（ダイアナ）の神殿のために抗弁した話（デメテリオが銀製のアルテミスの神殿の模型を造り、金儲けをしていたのをパウロに邪魔されたとして、同業者らと共に暴動を起こした）を引用して説教をした。その後で、ゴートンが発言した。彼は教会の中にはキリストの他何もない、従って儀式や牧師や聖餐などは見せかけと虚飾のための人間の発明品であり、ダイアナの銀の神殿と同様である、と述べた。またゴートンが以前に出した手紙で、教会のあらゆる儀式を非難、洗礼は忌まわしい行事であり、聖餐は品質の悪い葡萄のジュースを、魔法の技でキリストの血に変えたようなものだ、と書いていたのが問題にされた。

コートは、これらのことを検討、判決について協議した。一方、ゴートンらの心を入れ替えさせようとする努力がなされた。しかし、効果はなかった。そこで、判決をどうするかということになったが、意見が割れた。司政官は三人を除いて全員が、ゴートンは死罪に相当するとの意見を述べた。しかし、代議員の大多数が反対し、票決が出来なかった。結局、全員が合意したのは次のようなことであった。彼らのうち七人は、七つの別々のタウンに分散し、そこで生活費は自分で稼ぐこと。その間、片方の足を鎖で繋ぎ、タウンの外に出ないようにする。さらに少しでも冒瀆的あるいは邪悪な誤った意見を表明した場合には死を覚悟しなければならない。この罰はコートが必要だと認めるまで継続する、というものであった。これに係わった別の四人は、微罪として釈放された。七人はそれぞれのタウンに送り出された[65]。

その後で、我々は係官をゴートンが住んでいたところへ送って、家畜を押収した。兵士を派遣したり、彼らのために何日もコートを開いたり、彼らを獄中に留めて置くのに要した費用に当てるためであった。経費は合計百六十ポンドに及んだ。武器はすべて没収した。銃のうち、鳥撃ち銃一挺をプムハムへ、他の一挺をサコノノコへ与えた。彼らは我々の管轄の下に入ったので、火器を持つ自由が与えられたのだ。

プムハムやサコノノコがマサチューセッツ湾政府から好遇されているのを知った他のインディアンの酋長らが、次々に臣従を申し出て来た。

一六四四年、数人のインディアンが代表としてガヴァナーのところへやって来て、ワチュセット地域（マサチューセッツ中北部、現在のプリンストン付近）の全酋長、およびメリマック（マサチューセッツ北部）からテクチカット（マサチューセッツ南部、現在のトーントン付近）の間の全インディアンが、三十尋のワンパムを贈り、臣従を申し出た。ウィンスロップの言葉を借りると、「我々は、主がこれらのインディアンに光と恩寵の扉を開かれる日が近づいたという希望を感じた。我々がプムハムやサコノノコに示した親切な取り扱いや、彼らをナラガンセット族から保護してやり、彼らの土地を奪ったゴートンの非行を糺したことが、実を結び始めた。この前例が、これらのインディアンを力づけ、我々の政府に臣従して同様の保護と便宜が与えられることを期待しているのだ[66]」。

彼らは、プムハムとサコノノコと同様の条件で、我々の管轄下に入ることを希望した。我々は、彼らがその条項と神の十誡のすべてを理解しているのを確かめた。その上で、彼らは自主的に全部の条件に同意し、厳粛に受け入れられた。そこで、彼らはさらに二十六尋のワンパムをコートに贈り、コートは彼ら一人ひとりに二ヤードの服地を与え、食事を振る舞った。彼らの部下全員には葡萄酒一杯ずつを与えた。彼らは大へん喜んで立ち去った。

一六四四年、判決から数か月が立ち、ゴートンらは釈放されることとなった。

コートは、ゴートンとその仲間が、拘束されているタウンに害毒を及ぼしているのを知り、どうしたらよいか処置に困り、ついに彼らを解放することになった。そして、十四日以内に我々の管轄するすべての地域から立ち去り、二度と戻って来る場合は死を覚悟すること、という決定をした。この決定は余りにも軽く、彼らに有利である、との意見もあったが、コートの決定の後で、これ以上の刑罰を課するわけにも行かなかった。[67]

ゴートンらは、一旦ロードアイランドへ戻って行ったが、また周辺のインディアンとトラブルを起こし、マサチューセッツ湾政府が介入する場面もあった。

間もなく、ゴートンは仲間数人と共にイングランドへ渡った。一六四六年のウィンスロップの記事によると、ゴートンらはイングランドの海外植民地担当の役人に、マサチューセッツの悪口を吹聴していたという。ウィンスロップは次のように記している。

「ゴートンと仲間の二人は、イングランドへ行き、植民地弁務官に、我々のことを悪し様に訴えた。そこで、その時イングランドへ来ていたマサチューセッツの人に出頭命令が出され、事情を説明するよう求められたが、この人たちは指令も受けていないし、詳細については知らないので、充分な説明をすることが出来なかった。弁務官らの一部は、個人的にゴートンらに好意を寄せ、彼らと同じ腐敗した教義を信奉し、最近我々が再洗礼派の者らを追放する法令を作ったことに対して反感を持っており、この法令の厳格な実施に取り組んでいる我々を大いに嫌悪しているようで、(我々の弁明を聞くこともせず)次の命令を発した。

『議会によって任命された、アメリカにおけるイギリス人植民地の総ガヴァナーたる海軍大臣および弁務官より――

ニューイングランドのナラガンセット湾と呼ばれる地域の旧住民サムエル・ゴートン氏他その仲間が、その地域に帰還する自由と、支障のない居住を保証するため、命令を発するのを適当と考える。それ故、我々は、貴殿および関係の諸氏に対し、前記サムエル・ゴートン氏および彼の仲間の者が、イングランドから必要な物品を伴って到着した時は、ニューイングランドのどの港でも上陸し、そこから貴殿らの管轄下のアメリカ大陸のいかなる地域でも、いかなる妨害も干渉もなく通過させ、前述のナラガンセット湾と呼ばれる地域へ赴くことを許されるよう、懇願かつ要求する。違反することのないようにされたい。これは令状である[68]』。

この令状には、ノッティンガム卿ら九名の弁務官の署名があり、宛名は「ニューイングランドマサチューセッツ湾におけるイギリス人植民地のガヴァナーおよびアシスタント、またニューイングランドの他のガヴァナーおよび住民、さらに関係のある他のすべての人[69]」となっていた。

令状の余白には、総ガヴァナー兼任大臣として、ウォーウィック伯爵のシールが押されていた。その頃のイングランドは、いわゆる長期議会の最中で、政府の権限は議会にあった。この弁務官らは議会の任命によるものであった。イングランド国内での政変は、植民地にとって当然無関心ではいられない問題であった。しかし、その一方、距離が遠いこと、自治政府が進んでいたことなどから、両者の間には一種の緩衝帯みたいなものが横たわっていたのも事実であった。

一六四五年前後には、植民地の人口は四万人前後に達していたようだ。その人口の大半はマサチューセッツに集中していた。本国から遠く離れた植民地で、苦難の十五年余りで培って来た集団としての意識は、どんなものであったろうか。一方では独立性と特殊性を持ちながらも、母国への親愛の情と忠誠心の入り混じった、複雑な感情が育っていたに違いない。

ゴートンの仲間は、ぼつぼつ戻って来ていた。彼らは議会の息のかかった弁務官のお墨付きを携えていた。マサチューセッツ湾政府は、彼らを犯罪人として追放したのではなかったか。ナラガンセット湾一帯は、現地のインディアンらの臣従により、マサチューセッツ湾の管轄下にあると言えるのではないか。マサチューセッツ湾の司政官や長老らは、難しい問題を課せられることになった。

ウィンスロップの記録によると、大いに議論が行われたという。「我々はイングランドの国家とどのような関係にあるのか。我々の政府が、我々が受けたチャーターに基づいて作られたのだとすれば、その国家に対してどのような従属関係にあるのか」[70]。このような問題を、司政官や長老らは真剣に議論した。中には、マサチューセッツと雖もイングランドの一部であり、その時その時の政府の意向に従うべきだ。議会が政権を握っているのなら議会に忠誠を尽くすべきだ。必要があれば本国に陳情をして、権限の拡大を認めて貰うべきだ、などと主張する者もいた。しかし、大勢は次のような意見であった。「チャーターに基づき、我々は絶対的政府権力を与えられている。それにより我々は法令を作り、必要な行政組織を設け、住民を矯正し、処罰し、赦免し、支配し、管理する絶対的な権力を持っているのである。それ故、我々は自己完成のものであり、上の権力あるいは総ガヴァナーの力を借りる必要はない[71]」。

ゴートンに関して、令状と同時に書かれた弁務官からの文書には、ナラガンセット湾の問題の土地は「王によって与えられたマサチューセッツパテントの領域の全く外側」にあるとし、「あなたがたの支配権を他の地域に広げることなく、現地の住民の良心、市民的平和を乱すことなく、また彼らの所有物を犯さないように」と命じ、ゴートンとその仲間の支障なき通行と定住を求めていた[72]。

マサチューセッツ湾の司政官や牧師、長老らは、植民地の実情と、ゴートンらの処分の正当性を説明するため、イングランド本国へ使節を送ることとした。人選は慎重だったようだ。下手な発言をしたりすると逆効果になる。結局、プリマスのエドワード・ウィンスローを派遣することになった。ウィンスローは数度プリマスのガヴァナーを勤め、長期議会前にイングランドへ渡った時、信仰上の理由で投獄されたことがあり、性根の据わった男と見られていた。ウィンスロップは、「イングランドで現在生じている我々に係わる問題を処理するには、ウィンスロー氏は、風采、弁舌、胆力、理解力のすべての能力において、また以前ニューイングランドの大義のために前の大主教の手によって投獄されたこともあり、弁務官の間でよく知られているし、最適の人物[73]」だと評している。

マサチューセッツ湾からでなく、プリマスのウィンスローが使節として起用されたのは、一つには、すでに植民地連合が組織され、プリマスなど他の植民地との一体感が強まりつつあったことにもよるだろうが、プリマスは地形的理由もあってそれほど発展せず、強大化して行く隣接のマサチューセッツ湾の一部であるような意識が生まれていたとも言えよう。

司政官らは、ウィンスローに持参させる書簡を認め、ウィンスロップがガヴァナーとして署名した。

この書簡は、実に慇懃にイングランド本国の事情に敬意と理解を表明している反面、一歩も退かぬ断固さをもって、植民地は与えられたパテントにより、完全な政治的独立の自治が認められており、ゴートンらに行った処分は全く問題のない正当なものであった、と主張している。さらに、ウィンスローには、出発前に、弁務官との面接に際しての模擬問答例まで作って、言質を取られない準備をしている。

書簡はかなり長いものだが、要点は、遠く離れた本国と植民地のことであるから、互いに根拠のない誤解が生じることもあるわけで、それは植民地にとって有用ではなく、本国の人にとって安全でもないとし、さらに「我々は我々の手に政府を持っているのだから（何事が起こっても）イングランドの事情がそれを解決することにはならない」[74]と、王制であろうと共和制であろうと、それとは係わりなく植民地政府が存在していることを強調している。

イングランドに渡ったウィンスローは、ウォーウィック伯爵とヘンリー・ヴェイン卿にウィンスロップの書簡を渡した。面接の日には、ゴートンとその仲間も同席、自説を主張した。ウィンスローは、以前にゴートンが書いた冒瀆的な手紙を証拠として提出するなどして反論した。シャオメットの所属についても議論がなされた。プリマスかコネチカットのパテントに含まれるのではないかとの意見も出た。

結局、シャオメットの所属の問題は後回しとし、ゴートンらはすでにかなりの費用を注ぎ込み、家族が住んでいるのだから、これからは平和的に、付近のインディアンを刺激しないようにするということで、彼らの通過を認める旨の書面を作製、これをマサチューセッツ湾、プリマス、コネチカットの政府に届けることになった。ウィンスローの使節としての役目は、一応成功したと言えよう。しかし、仮りに交渉が決裂したとしても、その頃のイングランドの国内事情からすると、何の手も打てなかったに違いない。

一六四八年、サムエル・ゴートンはボストンへ帰って来た。その時の様子をウィンスロップはこう記している。「ゴートンは、ゴートンの到着が知らされると、彼を逮捕するように命令を出した。しかし、彼はウォーウィック伯爵の手紙を持参し、通過する自由だけを与えてほしいと願い出た。そこで命令を取り下げ、出発のために一週間の自由を与えた。これには反対の意見もあったが、多くは、これは伯爵の（命令ではなく）要請であり、我々の権限を制限することにはならない。さらに、我々の代理人は、現在も本国で議会の仕事をしていることでもあり、もし伯爵が、これほどささやかな要請を拒否されたと聞いたら、我々の目的にも、また彼の行動にも支障となるかも知れないと判断した。しかし、賛成は僅かに反対を上回ったに過ぎない[75]」。

ウィンスローはクロムウェルに重用され、ついにプリマスへ戻ることはなかった。クロムウェルの使命を帯びて西インド諸島へ赴く途中、熱病で死去した。

ゴートンらはシャオメットに戻り、恩人の名前に因んでこれをウォーウィックと改称、一六七七年までの余生を、比較的平穏に過ごした。しかし、彼の特異な信仰は、若干の信奉者を得、ゴートン主義者 Gortonite と呼ばれ、その後もしばらくは存続した。

13　超法規的流れ者の死
――ジョン・オールダム

ウィンスロップの『ジャーナル』の一六三六年の項に、ジョン・オールダムがインディアンに殺された記事がある。「古い漁網の下にジョン・オールダムの死体があった。全裸で、頭は脳髄まで裂け、手や足には切り離そうとしたかのような切り傷があった」[76]。

オールダムの殺害がピークウォット戦争の引き金となるのだが、もちろんそれまでも、インディアンとイギリス人植民者との間がすべてうまく行っていたわけではない。ただ、小さなごたごたはそれなりの処置をして、集団としてぶっつかり合うのは避けて来たのである。インディアンとイギリス人の間の紛争は、一応両成敗の形で解決して来た。しかし、底流には、遅かれ早かれ、どの部族かが中心となって反乱が起こる条件は充分あったのである。

しかし、ここではインディアンとの関係について述べようというのではなく、植民地でしばしば見られた山師的流れ者の一例として、このオールダムという男の正体を明らかにし初期の植民地の一断面を見てみようというのである。

ジョン・オールダムの素性はよく分からない。一六二三年にプリマスへやって来たとされる。二十三歳前後であったようだ。

その頃、プリマス植民に出資したイングランド本国のアドヴェンチャラーの仲間は、いくつもの派閥に割れて、互いに対立、収拾のつかない状態だったらしい。そして、派閥ごとに植民地の実情を知るため、情報集めをしていたようだ。オールダムは、いずれかの派閥の手先みたいな役割を果たしていた、と思われるふしがある。ウィリアム・ブラッドフォードの『プリマスプランテーションの歴史』に次の記事がある。「ここに独自に留まっている人たちの中には、密かに派閥を作り始めた者がいる。彼らはイングランドのアドヴェンチャラーの中の有力派閥と通じていて、彼らに依存している」とし、さらに「アドヴェンチャラーの有力派閥が、我々に反対し、また我々の仲間がライデンから移って来るのにとくに反対しているという報告」がある[77]、と述べている。ピルグリムファーザーらは、アドヴェンチャラーらと正規の契約に署名しないままイングランドを出発したことと考え合わせると、イングランド本国では、プリマスのセパラティストの人たちを、軽視ないし警戒する空気があったとしても不思議ではない。ブラッドフォードは「彼（オールダム）は、例の派閥の主な煽動者で、イングランドのあの人たちの諜報人だった[78]」と書いている。

オールダムは、ジョン・ライフォードという牧師崩れの男と組んで、最初は友好的な態度を見せてプリマスの人たちに取り入っていたようだ。しかし、次第に本性を現すようになった。ブラッドフォードの記述によると、「何事もとてもうまく行っているようで、大いに満足しているように見えた。しかし、それは長くは続かなかった。というのは、オールダムもライフォードも共に、次第に異常な言動をするようになり、極めて有害な考え方を示すようになった。そして、誰彼となく仲間に引き入れた。それほど堕落していたわけでもなく冒瀆的であったわけでもない人たちまで、彼らの言動に賛同し、これを支持した。そして、彼らに忠実となり、この地の教会を非難するようになった」[79]。

オールダムとライフォードは、プリマス植民地の情況をイングランド本国の仲間に報告する手紙を書き、出航間際の船に寄託した。このことを知ったブラッドフォードらは、船長（オールダムらの悪行を知っていた）の承諾の下、彼らの手紙を取り上げた。ライフォードの手紙は全部で二十通ほどあったが、「多くは分厚いもので、プリマスに対する中傷と根拠のない非難に満ち、偏見であるばかりでなく、植民地を破滅させ、完全に転覆させようとするもの」であった。ブラッドフォードらは、これらの手紙のコピーを取り、重要なのは原本を残して置き、コピーを送らせた。

オールダムの手紙も数通あった（彼の字は下手くそで、読み難いものであった）。彼の悪行はライフォードに負けていなかった。彼は、自分には同調者が多くいると過信していたらしい[80]。

オールダムの夜警の当番が回って来たが、彼は出頭しなかった。そして、彼を連行しようとした警備隊長に食ってかかり、悪漢と罵り、ナイフをかざして襲いかかった。「ガヴァノー（ブラッドフォード）は、人を出して静めようとしたが、彼は人間というよりむしろ凶暴な野獣のように荒れ狂い、我々に向かって売国奴で反逆者と罵り、思い出すのも恥ずかしい雑言を吐いた。しかし、しばらく投獄したら静まったので、軽い処罰で解放したが、彼の行動には今後も気を付けることにした[81]」。

間もなく、二人は同志を誘って別に集会を開くようになった。プリマス植民地は入植後僅か三年余りで、人口は数百人であったから、この分派の動きはゆるがせに出来ないことであったに違いない。

このグループの中には、のちにプリマスで最初の死刑に処せられたジョン・ビリントンも入っていた。

プリマスプランテーションは、マサチューセッツ湾植民地のように裕福な人たちによって自前で作られた植民地ではなかった。一六二〇年に渡来したピルグリムファーザーと呼ばれる人たち、およびその後数年間に送り込まれた入植者たちは、いわばイングランドの経済難民で、ロンドンやプリマス(イングランド)の商人などから出資を受け、渡航の費用と当座の生活を賄った。これらの出資者をアドヴェンチャラーと呼ぶ。ピルグリムらは、年季奉公のような形でこの借金を返済した。

このような人たちに交じって、自分の費用で個人的に渡来する者がいた。オールダムとその仲間数人がそうであった。本国のアドヴェンチャラーの一部の人の諒解があったもののようで、彼らには十エーカーの土地が与えられたという。彼らは自費で生活をし、借金を払う必要がなかったから、仕事のノルマは課せられなかった。義務としては、兵役と、一年にコーン一ブッセルの税金を納めるだけで、植民地政府やコミュニティには何らの権利もなく、また義務もなかったという。従って、オールダムらの行動はかなり自由であったと言える。この様子を、ブラッドフォードは、ヨーロッパの寓話を引き合いにして次のように述べている。

「嵐の日に困っていたはりねずみを、うさぎがかわいそうに思って自分の巣穴に入れてやったのに、仲よくするどころか、鋭い棘でうさぎを巣穴から追い出した、という話と同様のことをしようとしている」[82]。

プリマス政府も、これは放置出来ないと考えた。ブラッドフォードはコートを召集し、オールダムとライフォードの二人を喚問した。二人は最初は否認したが、手紙が証拠として差し出されると、「オールダムは、手紙が差し押さえられ、開封されたと聞くと、気狂いのように荒れ、激しい言葉で我々を脅し、そして全く傍若無人に反抗的な態度で立ち上がり、集まっていた群衆に向かって呼びかけた。『諸君、どうしたのだ。今こそ諸君の勇気を示す時だ。諸君はこれまで、私たちにああだこうだと不平を述べて来たではないか。今がその時だ。諸君が立ち上がれば、私たちが応援するから』。ところが、誰も口をつぐんで、彼らに味方するものはいなかった[83]」。

そこで、彼らの手紙が次々に読み上げられ、それに対してブラッドフォードが意見を述べた。内容は多様で、教会の実情、住民の生活の実態、信仰形態の異なる者の扱い、などについて、彼らなりの偏見に基づき、プリマスのプランテーションを非難するものであった。ブラッドフォードはその一つひとつに反論した。

その中のライフォードの手紙と、それに対するブラッドフォードの反論で、当時（一六二四）のプリマス植民地の様子を知るのに参考となると思われる一例を挙げてみよう。

「彼は、我々を、食糧の配給が不公平だと非難している。ある者には週に十六ポンドの食糧が支給されているのに、一方では四ポンドしか与えられないのは、理解し難い差別であるとして、（愚弄するかのように）人によっては口や腹が他の人よりも小さく弱々しいものらしい、と言っている。

反論。このことは、彼が手紙を宛てたイングランドの人たちには奇妙に見えるかも知れない。彼らはその理由を知らないからだ。しかし、ここにいる者は誰もが、事情が分かっているので、何も奇妙なことではないはずだ。最初にやって来た人たちには全く配給はない。自分で持ち込んだ食糧を食うからだ。昨年夏アン号（一六二三年、六十人を運んで来た）で来た人たちは、彼らが持って来た十三か月分の食糧で、今年の大部分は充分なはずだ。……しかし、この人たちと一緒に来た人たちのうち、船大工、木挽き職人、塩作り職人のように、常時仕事に追われ、激しい労働のため配給以外の食物を手に入れる時間がない人たちには、初めは十六ポンドが支給され、その後魚や他の食物が手に入れられるように、前貸しとして、十四、十二、あるいは時と場合に応じて八ポンドが支給される。しかし、農業に従事して、自分のことが出来る人たちは、週四ポンドの食糧の配給でも、他の人たちより楽な生活が出来る。このことは皆が知っていることだ。それにもかかわらず、ライフォードとその仲間は、最も多い配給を受けているのを、忘れてはならぬ[84]」。

　前にも言ったように、プリマスプランテーションの植民者は、一種の年季奉公のような契約で入植、原始共産社会とでも言うべき共同生活をしていた。全員が決められた時間、与えられた仕事をし、食糧は定められた量が配給されていた。個人が、家の周辺に、ささやかな個人菜園を作ることを許されたのは一六二三年のことであった[85]。

　プリマスにいられなくなったオールダムは、ハル（ボストン湾内の岬）やケープアン（ボストン北東の岬）でかなり手広く交易の仕事をしていたようだ。一六二五年、彼は許可なく再来を禁ずるという指示を無視して、プリマスを訪れている。彼は、その後ヴァージニアへも足を伸ばし、商売をしていたという。

一六三〇年、オールダムはウォータータウンに定住、交易で金儲けをしたらしい。彼はまた、マサチューセッツ湾政府の役職をいくつか勤めている。

一六三二年、ウォータータウンで、オールダムの手の者が訓練中、銃が暴発、数人が軽い怪我をしたという記録がある。また、ウォータータウンの彼の家は、板張りで、煙突もなく、家の中で火を起こしていて火事になり、焼けたという。

一六三三年、オールダムは仲間三人と共に交易のためコネチカットへ出掛けた。インディアンから親切にされ、ビーバーの毛皮を貰ったりした。インディアンの家に滞在、付近を踏査した。良質の麻が豊富に育っており、また岩山全体が黒鉛というのがあり、その見本を持ち帰った。

一六三四年、ナラガンセットのインディアンから、五百ブッセルのコーンがオールダムのところへ送られて来た。また、インディアンは、ナラガンセット湾内の小さな島をオールダムに贈った。長さ六マイル、幅二マイルで、約千エーカーの面積があったという。オールダムは、現地のインディアンとうまくやっていて、互いに損をしない交易をしていたと思われる。

このオールダムが、結局インディアンに殺されることになった。彼の死体が発見された経緯は次の通りであった。

「ジョン・ギャロップ（マサチューセッツで小さな船の船長だったが、のちに手広く交易に従事していた）が、仲間一人と共に、二人の少年を連れて、二十トンの帆船で、ロングアイランドで交易をしようと、コネチカットからやって来た。入江の入口に近づいた時、突然風向きが変わり、ナラガンセットの向かい側のロングアイランドの方へ流された。そこで小さな舟を見付けた。近づいて見ると、それはオールダム氏のものと分かった（古い入植者で、ウォータータウン教会のメンバーで、二人のイギリス人少年と二人のナラガンセットインディアンだけを伴い、交易に出掛けていた）。そこで、呼びかけてみたが、返事はなかった。舟にはインディアンが大勢（全部で十四人）乗っていて、この舟からインディアンが乗ったカヌーが、品物を一杯積んで離れて行った。それで、彼らがジョン・オールダムを殺したに違いないと思った。インディアンらがナラガンセットの陸地へ向けて急ぎ始めたので、ギャロップらは彼らの前に出て、手元には鴨撃ち銃二挺とピストル二挺しかなかったけれども、（銃や槍や刀で武装して向かって来た）インディアンに向けて発射したところ、彼らは怖じけてハッチの下に逃げ込んだ。それから、再び逃げ出したので、ギャロップらは旋回して彼らのカヌーの舟尾に迫り、これを転覆させようとした。驚いたインディアンは、そのうち六人が海に飛び込み、溺れて死んだ。他のインディアンは逃げたので、その前に出て、舟首に錨を打ち込んだ。そして、カヌーを引き寄せ、銃弾を浴びせた。舟首から舟尾まで掃射したので、インディアンらは死んだか、傷ついたに違いないと思った。しかし、誰も出て来ないので、少し離れて様子を見た。すると、四、五人のインディアンが出て来て海に飛び込み、同じく溺れ死んだ。カヌーの中には四人しか残っていなかった。舟に乗り移ると、一人のインディアンが出て来て降伏したので、縛り上げた。すると、もう一人が降伏した。同じく縛り上げたが、ギャロップはインディアンを二人一緒に置いておくと、互いに結びを解く技術を持っているのを知っていたので、二人とも縛ったまま海の中に投げ込んだ[86]」。

この後、ギャロップらは、前に述べたような有様でオールダムの死体を発見したというわけである。オールダム殺害がピークウォット戦争の引き金となったとしても、ピークウォット族がこの殺害に責任があったわけではない。ピークウォット族は、インディアンを代表してイギリス人と戦ったのである。しかし、他の部族はピークウォット族に加勢するどころか、イギリス人側に加担する者が多かった。前にも触れたように、ロージャー・ウィリアムズは、イギリス人の立場からインディアンとの間の斡旋に尽力したことは、イギリス人によっては力強いものがあったであろう。

初期の植民地には、オールダムのような事業家気取りの流れ者がしばしば現れた、植民地は、一方では宗教的、経済的な避難所の役割を持っていたが、他方では限りなく広大なビジネスチャンスを提供したのである。プリマスプランテーションのピルグリムファーザーらの中にも、アイザック・アラトンのように、植民地を足場に金儲けにいそしむ者もいたのである。

14　デモクラシーの負け犬
――ロバート・チャイルド

ロバート・チャイルドは、イタリアのパドウア大学で医学を学んだ医師だったということだが、マサチューセッツ湾植民地の専横政治を批判した一人であった。彼の名が初めてウィンスロップの『ジャーナル』に顔を出すのは一六四六年のことである。

一六四六年前後は、イングランド本国では国王派と議会派との内乱の最中で、議会派が優勢で、クロムウェル一派による共和制移行が間近な頃であった。

このような本国の政情は、直ちに新大陸各地の植民地に動揺を与えた。とくに、マサチューセッツの専横政治に不満を抱く者らにとっては、本国における議会勢力の増大は民衆の力の勝利であるとし、植民地の民主化の好機が到来したと思われた。議会は民衆の立場に理解を示し、植民地政府の独断的体制の是正に力を貸してくれるに違いない。しかも、植民地政府の基盤は王のパテントであるから、王制の存立が危うくなると、パテントそのものの有効性にも当然疑義を生じるわけだ。マサチューセッツ体制に対する不満分子の中には、次々に本国の議会に請願を企てる者が出て来た。

これらの不満分子の中に、以前に司政官を勤めたことのあるウィリアム・ヴァサルやサムエル・ゴートンがいた。これから述べるチャイルド医師とその仲間もそうであった。

チャイルドについて述べる前に、ウィリアム・ヴァサルに触れておきたい。マサチューセッツ湾の司政官の経歴を持つヴァサルは、一六四六年にはプリマスの管轄内のシチュエート（ボストンの南東、マサチューセッツとの境界線に近い）に住んでいた。ウィンスロップの描写によると、この男は「おせっかいで煽動的、常に植民地の市民政府ならびに我々の教会のやり方に反抗し、我々の教会のメンバーでない者らと図り、初めはマサチューセッツ湾やプリマスのコートに訴願をしたが、これがうまくいかないと、イングランドの議会へ訴え出ようと企てた[87]」。

ヴァサルは、マサチューセッツ湾の政府や教会の特殊なやり方をやめて、ここの住民はすべてイングランドの法令に従って統治さるべきである、という趣旨の訴願状をイングランド議会に送った。その中で彼は、自分たちはイングランドの自由な市民であるのに、マサチューセッツでは教会においても政府においても、市民の自由が否定され、良心が許さない教会に入って契約を結ばない限り、教会の恩恵から締め出され、また耐え切れない忠誠の誓いをしない限り、市民としてのいかなる権利も利益も剝奪される、と述べた。

ヴァサルは、自分の訴願が何の効果もなかったとして、一六四八年、バルバドスへ渡った。バルバドスは西インド諸島東端の小島で、早い時期（一六二五年頃）から、イングランド国教会に批判的な、いわゆるピューリタンのグループが入植した。

ヴァサルは、ウィンスロップと同じく、マサチューセッツ湾会社設立当時からの同志であった。このような人たちの中にも、体制について行けなくて、マサチューセッツを出て行った人が何人もいたのである。

　チャイルド医師とその仲間が書いた訴願状は、ヴァサルのものに輪をかけてマサチューセッツ体制を誹謗するものであった。チャイルドは、これを仲間のトーマス・ファウル、サムエル・マヴァリック、トーマス・バートン、ジョン・スミス、デイヴィット・イェイル、ジョン・ダンドに加えて、植民地各地から多数の署名を集め、代議員のコートに提出、直ちに返答するよう求めた。しかし、コートは閉会間近でもあり、また、各々のタウンの問題に関しては、ノンフリーマンにもフリーマンと同様の権限を持たせ、さらに司政官の選挙においてもフリーマンの範囲を広げようという法案が審議中で、通過の見込みがついた時でもあり、この訴願状の扱いは次回に持ち越されることになった。

　次のコートでチャイルドらの訴願について協議をした。長老らは、これは植民地の善良な人たちに対する攻撃であり侮辱であると考えた。そして、署名者に対しては何らかの懲戒が必要かどうか検討するよう、コートに委ねられた。

　ちょうどその時、イングランド行きの船が出港の準備をしており、訴願状に署名したファウルが乗り込もうとしていた。そこで、コートは彼を呼び出し、出発前に訴願について説明を求めた。ところが、彼はどうして自分だけが呼び出されたのかと反論したので、チャイルド他訴願状に署名した首謀者らも召喚され、全員が出頭した。チャイルドは、訴願をするのは罪にはならないはずだ、何の理由で呼び出したのかと迫った。コートは、全面的にはまだ反論の準備が出来ていなかったが、イングランドへ出発しようとしている人もいるので、改めて出頭するよう申し渡し、そのために保証人を立てるのを命じた。チャイルドは、保証人を立てるほど何の罪を犯したというのかと反発した。そこで、彼らの訴願状の一節が読み上げられた。それは「植民地政府に向けられたイングランド同胞の憤りで、疫病から逃げ出すようにこの体制から逃げ出すのだ」云々というものであった。これは植民地にとっては大きな恥辱であった。

チャイルドは声を荒らげて抗弁した。彼はコートに訴願状を出したが、埒が明かないので、イングランドの弁務官に訴願することにした、と言った。ガヴァナーは、これに対し、弁務官への上告は認めない、そのようなことは我々のパテントでも認められていない、チャイルドらの訴願の目的は明白である、彼らは、奴隷の状態が永久に続くことを怖れると不満を言いながら、彼らが議会や弁務官の威を借りて我々を屈服させ、彼らと同じく我々を彼らの奴隷にしようとしているだけだ、と告げた。[88]

彼らは、結局、保証人を立てて、呼び出されたら直ちに出頭することとして釈放された。

コートは委員会を設けて訴願状を検討した結果、次の結論に達した。

「コートは、訴願状に書かれた、当地に確立しているキリストの教会ならびに市民政府に対する数々の虚偽かつ中傷的な内容が、植民地の名誉と権威を毀損し、かつ煽動的であることにより、ドクター＝チャイルドを告発する」。そして、告発される罪状が十二項目にわたり細かく挙げられた。

チャイルドらが主張したのは、マサチューセッツ湾植民地は「不安定な船」のようなもので、すべてのイギリス人に平等の権利も自由も与えられず、司政官らが勝手に政府を運営し、住民を奴隷の地位に置いている、というものであった。そして、イングランドの法令は無視され、ノンフリーマンは選挙権が与えられず不平等な扱いを受けている、教会では自由な信仰は認められないため、クリスチャンらしい信仰生活を求めてこの地を出て行く人も少なくない、などとマサチューセッツ湾植民地がいかに腐敗した住み難いところであるかを、言葉を尽くして告発していた。

コートは、これに対して、項目ごとに反論した。そのうち、重要と思われる点を一、二挙げておこう。その一、コートは常に優れた法令を確立する努力を重ねて来た。イングランドの法令についてはは（我々のパテントはそれに縛られるわけではないが）基本的にはその精神に基づいている。我々の政府を専横だというが、イングランドの政府自体が、大法官院その他の法廷において、我々よりむしろ専横である。その二、チャイルドらは、我々がパテントと忠誠の誓いを破っているというが、イングランド国内に住んでいない我々の忠誠は、我々をイングランドの法令に縛りつけるものではない。議会の法令はイングランドの外には届かないし、玉璽を押した王の命令も外には及ばない。それら本国の法令はどれも、我々が決めたものではない。[89]

つまり、植民地にはパテントによって自治権が与えられているので、恣意に必要な法令を作ることが出来る、基本的にはイングランドの法令の精神に準拠しているとは言え、植民地はそれに拘束されず、独自の法令を持つことが出来るということになる。ロンドン市は、イングランド国内にありながら、イングランドの法令と異なる独自の法令を持っているではないか。ローマにしろギリシアにしろ、植民地を国内のタウンとは異なる扱いをしている。これらを、単に国内の地方自治体と同一視するのは侮辱というものだ、というわけであった。

チャイルドらは、頑強に自説を主張したので、コートは彼らを罰金刑に処することにした。チャイルドは（不満を言う筋合いもないのに、他の者を煽動し、コートでも高慢な態度を取ったとして）五十ポンドの罰金、スミスは（余所者であるとして）四十ポンド、マヴァリックは（まだ訴願状を出していないので）十ポンド、他はそれぞれ三十ポンドの罰金とされた。

そこで、コートは再び彼らを呼び出し、行動に注意し、誤りを認め、騒ぐのを止め、自分のこと以外には頭を突っ込まないよう、聖書の章句を引用して訓戒を与えた。そして、もし彼らが率直に非を認めるならば、処罰は免除される、と伝えた。しかし、彼らは、なおも強硬な態度を示したので、判決が言い渡された。

チャイルドらは、本国の議会に上訴するとして、その旨書面でコートに伝えて来た。しかし、コートはこの書面の受け取りを拒絶した。

この一連のコートの動きに対して、司政官の中にもやり過ぎだとして、異議を唱える人もいた。ベリンガム、ソールトンストール、ブラッドストリートが反対した。代議員の中にも反対者が二、三人いた。[90]

チャイルドは、一週間後に出港予定の船でイングランドに渡り、上訴をするため、準備を急いでいた。ノンフリーマンからの訴願状も調えていた。

ガヴァナーとコートの重立った人たちは、これにどう対処すべきか苦慮した。彼らは相談の上、罰金を払わせるためチャイルドを留め置き、彼の荷物とダンドの書斎を捜索させることにした。しかし、このことはチャイルドの出発予定の前夜まで秘密にしておき、反対意見の司政官にも知らせないでおくことを申し合わせた。ところが、ベリンガムがこのことに気付いて、同じ反対意見の司政官と相談して、捜索をやめさせようと動き出すような気配が見えた。そこでガヴァナーらは（チャイルドが乗船してから捜索を行うことにしていたのだが）、話が洩れたのが明らかになったので、直ちに警官を出してチャイルドを連行させ、彼の書斎とダンドの書斎を同時に捜索した。チャイルドのトランクが調べられたが、事件に関するものは何も見当たらなかった。ダンドの家にはスミスも来ていたが、彼は素早く何か書類を隠した。警官がそれを取り上げると（ダンドは、やがてガヴァナーの私室が捜索される時が来るぞ、と叫んだ）、書類の中には二通の訴願状と二十三項目の質問事項の写しがあり、イングランドの植民地弁務官へ送られることになっていた。訴願状の一つはチャイルドのもの、他は六人の訴願人によるものであった。その中で、彼らがゼネラルコートへ訴えたこと、そのため罰金刑に処せられたこと、そしてやむを得ず上訴に及んだこと、などを述べた後、植民地の教会の牧師が人間の悪意の限りを尽くして彼らを罵り、必要以上に市民政治に首を突っ込み、牧師というよりマスター、いやむしろ裁判官となり、司政官らを煽動して彼らに敵対させ、また屈辱の日を設けて彼らを屈服させるための祈りを捧げた、云々と書き並べ、さらに彼らが数人の司政官からいかに侮辱的、嘲弄的で悪意を込めた言辞を投げかけられたかについて述べていた。そして、訴願の目的は、①イングランドの改革に従った安定した教会の設立。②植民地にもイングランドの法令を確立し、専横政治をなくする。③イギリス人にイングランド国内と同様の自由を与える。④総ガヴァナーまたは植民地を取り仕切る高等弁務官の任命、などとなっていた。

彼らの質問事項の内容は、植民地のパテントの有効性に関するものであった。その効力は喪失してはいないか、教会やコートの言動に反逆罪に当たるものはないか、個々のケースにおけるコートや教会の対応に権力の乱用はないか、コートの命令がイングランドの宗教改革に従った教会の設立を妨げているのではないか、などであった。

もう一つの訴願は、(何千人もの溜め息と涙の中で名を連ねた)ノンフリーマンからのものであった。その前文で、彼らがいかに主教らの暴虐によって母国を追われたかについて述べ、その上で良心の自由と、総ガヴァナーの任命を求めていた。

チャイルドらはこの訴願状に署名をさせるのに、植民地各地を回り人集めをした。しかし、彼らは数千人を集めたと言っているのに、聞いたところでは、実際に訴願状に署名したのは二十五人に過ぎなかった。そのほとんどは、召使としてやって来た若者で、これまで宗教のかけらも見せなかった者や、マーブルヘッドの漁夫で、去年ニューファウンドランドから来て漁期が終わったら帰って行くという冒瀆的な男であったし、他の者も、利害関係によって引き込まれたもので、ボストンの床屋のごときは、(あとでガヴァナーに詰問されると)あの人たちは顧客だから署名したと答えるぐらいのものであった。このような人たちが、主教らにイングランドから追い出されたかのように、議会に申し立てをしなくてはならないなどとは、彼らの涙や溜め息が同情をひき起こすのは間違いない。

チャイルド医師らはこれにより逮捕、ガヴァナーとコートの前に連れ出された。チャイルドは激怒し、傲慢な口を利いたため、「あなたは地位のある人であり、紳士であり学者であるあなたにふさわしい尊敬の念をもって対応しているのに、もし静かにしないのなら、一般の獄舎に入れて、足枷を嵌めて閉じ込めざるを得ない」と告げられると、おとなしくなった。チャイルドはスミス、ダンドと共に警察に引き渡され、船が出港するまで拘留された。チャイルドは乗船に間に合わないことで大いに困って、罰金を払うから釈放してくれと申し出た。しかし、それは許されなかった。彼の罪状について新しい事実が明らかになったのである。つまり、訴願状は彼の手で書かれたものだったのだ。

チャイルドは充分な保釈金を出すことで釈放されたが、自宅から外に出ないで、次のコートに出頭するよう命じられた。彼は自宅での拘禁を苛酷だと思ったが、仕方がなかった。スミスとダンドは獄中に留められたが、食べたい物を食べることを許され、友人の訪問も認められた。

トーマス・ジョイという若い大工は、チャイルドらの手先となり訴願状の署名集めをしたが、警官がダンドの書斎を捜索に行った時、令状は王の名によるものかと詰問するなど、不穏な動きがあったとして捕らえられ、四、五日間足枷に繋がれ留置された。すると彼は反省し、知っていることを全部白状、自分に関係ない事柄に頭を突っ込んだことを後悔し、足に嵌められた足枷に対して神に感謝し、今後生きている限り、これが自分を導いてくれるに違いない、と述べた。そこで、彼は僅かな保釈金で釈放された。しかし、スミスとダンドは審問を拒んだので、保釈はされなかった。彼らの罪は本質的には死刑に値するものであり、保釈には該当しない、とした[91]。

一六四七年、スミスとダンドは保釈されたが、チャイルドはボストンから離れない条件で保釈しようという申し出を断り、むしろ牢獄の中にいる方がましだ、と言ったので、拘留された。しかし、全員、間もなく罪を免じられたようだ。一六四八年、ボストンの町中で、チャイルドが「ニューイングランドの者たちは詐欺師と無頼漢の集まりだ」と毒づいたのを聞き咎めて反論した男に殴りかかったという話がある。[92]

マサチューセッツ湾のゼネラルコートが、チャイルド一派の訴願事件に、これほど熱心に取り組んだのは、ウィンスロップの言葉によると「我々の政府そのものの生命と基盤」に係わる事件であったからであった。

チャイルド医師と彼の仲間のその後の動向ははっきりしない。チャイルドは一六五四年、アイルランドで死去したとされる。

今から見ると異常とも思えるマサチューセッツ湾政府当事者の、これら逸脱者に対する対応は、植民地を崩壊させたくないという目的意識によるものであったのは疑いない。これを、のちになって、権力闘争とか路線争いとか批判するのは容易なことだ。信仰の自由がよいことだとか、民主主義の方が優れているとかは、平和の時にだけ言えることだ。

第四章　犯罪と刑罰

——体制に逆らう言動を犯罪と言う

罪——殺人、姦通、魔女、冒瀆、窃盗、暴力、逃亡……、
罰——絞首、笞打ち、足枷、烙印、耳の殺ぎ落とし……

一つの国家ないし集合体が、一つの時期においてどのような体制であったかは、どのような言動が犯罪とされ、それに対してどのような刑罰が加えられたかを見ることにより、大よその見当がつく。
初期のニューイングランド植民地の体制は、しばしばシオクラシー（神権政治）という言葉で説明されるように、政治と宗教との間の境界はない状態であった。時には、民政と宗教は区別さるべきだとの議論がなくはなかったが、なにぶん全部の住民がキリスト教徒であり、しかも政治の中枢にいた人たちは、信仰の路線では必ずしも同一でなかったにしろ、いずれも熱心なピューリタンで、教会においても有力者であったから、彼らの政治的判断は常に宗教的判断に裏打ちされていた。逆に言えば、彼らの宗教的判断は政治的判断でもあったわけで、例えばロージャー・ウィリアムズやアン・ハッチンソンの事件の如きも、マサチューセッツの司政者らにとって、極めて政治的な要素を持っていた。つまり、ウィリアムズやハッチンソンらの宗教的信念は、司政官のあり方や権威さらには植民地の平和に係わることであったのである。

また、殺人や姦淫のような犯罪は宗教的戒律に違反するとして処罰された。神を冒瀆するような言動も処罰の対象となった。しかし、このような罪と罰は、植民地の存続と体制の維持を目指した、反面極めて政治的ないし世俗的な事情の反映でもあった。

裁判はゼネラルコートで行われた。裁判となると司政官が判事となった。のちに代議員が力を得、裁判に関与するようになった。陪審は早くから行われていたようで、一種の民衆裁判の名残とも言えよう。

これから、ウィンスロップの『ジャーナル』の記録をもとに、一六三〇年頃から一六五〇年頃までに、どのような人がどのような犯罪のため、どのような刑罰を受けたかを見てみることにする。その前に、プリマスで初めて執行された死刑について触れておこう。

一六二〇年、メイフラワー号でプリマスへ渡来した移民のうち、四十名いたとされるストレインジャーの一人にジョン・ビリントンという男がいた。ロンドン出身だったらしいが素性ははっきりしない。この男がウィリアム・ブラッドフォードの『プリマスプランテーションの歴史』に初めて顔を出すのは、一六二一年、森の中で行方不明となり、インディアンの集落に迷い込んだのを連れ戻した、という記事である。彼は最初から勝手な行動を取るタイプの男であったようだ。

その次は、一六二四年、前に述べたジョン・オールダムがプリマス植民地を攪乱する言動のため追放されたが、ビリントンはそのアジテーターの一人であった。彼は何事にも不満を持つ男であったようだ。

一六三〇年、ビリントンは殺人の罪で逮捕され、裁判の結果絞首刑に処せられた。植民地最初の死刑であった。その時の様子をブラッドフォードは次のように記録している。

「今年、古参者（最初に渡来した者の一人）のジョン・ビリントンが逮捕され、大陪審、小陪審は共に、明白で隠れもない証拠に基づき、故意による殺人として有罪とした。そこで、それにより処刑が執行された。これはこの地における最初の死刑執行であり、皆にとって極めて悲しい出来事であった。彼の裁判では、あらゆる必要な手順が取られ、マサチューセッツ湾に最近渡来したウィンスロップ氏や、他の有能な紳士らの意見を求めた。彼らは死刑に同意し、土地は血から清められるべきだとの意見であった。ビリントンと彼の仲間は、以前にも不行跡の理由で罰せられたことがあり、皆の中で最も不遜な男であった。……事実は、彼が最近渡って来たジョンという若者を（以前の喧嘩のことで）待ち伏せをし、銃で撃ち殺したものである[1]」。

一六三〇年のプリマス植民地の人口は、四百人足らずではなかったかと思われる。その中での裁判は、恐らく民衆裁判のようなものであったであろう。大陪審、小陪審と言っているのを見ると、数人の代表者が集まって合議をする形式を取ったのであろう。

また、プリマスの人は隣りのマサチューセッツ湾へやって来たばかりのウィンスロップらに助言を求めている。ウィンスロップによれば、植民地にきちんとした秩序を築きたいとの熱意に燃えていたに違いないから、すぐ隣りのプリマスに悪い男がいたら殺してしまえと言いたくもあったろう。プリマスの場合、住民のほとんどが無産階級の、どちらかと言えば教養の低い人たちであったから、イングランド本国から直接渡って来たウィンスロップやエンディコットのような質の高い錚々たる人たちの意見は、大いに貴重なものと思われたに違いない。

一六三〇年のプリマスでの絞首刑がどのような方法で行われたかは想像するしかない。二本の柱を立てて、それに横木を通し、首を吊した縄を掛けて、引き摺り上げたのであろうか。それとも、特別の設備を作らなくても、大きな木の枝に縄を掛けて、吊したのかも知れない。

プリマスでは、この時までは、住民に対して刑罰らしい刑罰が加えられたことはなかった。ところが、マサチューセッツ湾の場合、ウィンスロップらが乗って来た最初の移民船の中でも、非行者に対して刑罰が科せられている。マサチューセッツ湾は、プリマスと異なり、支配者と被支配者の区別が明確であった。従って、支配者である使用人が、被支配者である被使用人の優位に立ち、これを裁く例が見られた。しかし、その反面、支配者層の人たちの間の権力闘争ないし路線闘争で、反対派を犯罪者とすることで秩序を維持しようとしたり、また仲間同士でも犯罪と思われる行為はこれを摘発し、彼らの公正、中立をアピールしようとした。

植民地は、建て前としてはイングランドの法令の精神に基づいてゼネラルコートが制定した法令によって統治されることになっていた。一六四一年、マサチューセッツ植民地最初の法典『自由法典』*Body of Liberties* が制定され、百条から成る基本的法令を収録、一六四九年、『自由法典』を吸収、増補した『一般法令および自由条項集』*Book of the General Lawes and Libertyes* が出された。自由という言葉が使われているが、これらの法典はイングランドにおけるマグナカルタ以来の民衆の自由に対する要求を意識したものという。しかし、それによって完全に自由が保証されたわけではない。犯罪の定義や処罰の軽重に若干の根拠が出来たようでありながら、やはり世俗裁判と宗教裁判は連動していたし、その時その時の当事者の主観的な解釈によって運用される場合が多かった。

以下、犯罪の種類とは関係なく、事件が発生した年代の順を追って、どういう言動にどのような処罰が加えられたかを述べることにする。

ウィンスロップが記録する最初の処罰は、一六三〇年、移民船団がまだイングランドの沿岸にいた、乗船後四日目のことであった。

「我々が斎日（断食をして神に祈りを捧げる日）を守っていた時、我々の農夫の二人が酒樽に穴を開けてウィスキーを盗んだ。そこで、彼らは一晩中鎖に繋がれ、翌朝首謀者は公に笞打ちの刑を受け、その日は二人ともパンと水だけが与えられた[2]」。

同じく一六三〇年。その数日後、「二人の若者が、我々が船中で守るべきこととして出していた命令に従わず、喧嘩を始めたので、二人とも手をうしろで縛られ、夜までデッキの上を歩かせられた。もう一人は、我々の面前で侮辱的な言辞を弄したとして、反省をし、公に罪の告白をする約束をするまで鎖に繋がれた[3]」。

その数日後のことで、犯罪とは言えないが、次の記事がある。

「船長の言うところによると、我々の農夫らは極めて不潔でだらしがない。そして彼らが入れられているガンデッキ（露天のデッキの下のデッキ）は食べ物や汚物で鼻持ちならないほど悪臭に満ちており、船全体の健康を危うくしかねない、とのことであった。そこで、祈りを捧げた後、四人の者を指名して、三日間部屋を清潔にする責任を持たせ、その後は交替で同じようにせよ、との命令を出した」[4]。

出航後四週間ほどした頃、「喧嘩をした二人が、手をうしろで縛られて、夜まで鎖に繋がれた。一人の女中が、腹の調子が悪く、ウィスキーを飲み過ぎて意識を失い、瀕死の状態になった。若者の間で、節度もなくウィスキーを飲む過ちが広がっている」[5]。

同じ船中で、「一人の下級船員が、農夫の一人に傷害を与えたという訴えが船長に出された。船長は船員を呼び、取り調べの上、この船員の手を縛り付けて、首に重しを吊しておくよう命じたが、ガヴァナー（ウィンスロップ）の執り成しで、（やっとのことで）この刑罰は免除された」[6]。

同じく船中で、「我々の仲間の召使が、子供に、航海中毎日三個のビスケットを受け取る代わりとして三ペンスの箱を売りつけた。そして、約四十個のビスケットを受け取り、それを他の召使らに売っていた。我々は、彼の手を柱に縛りつけ、石を入れた籠を首に吊して二時間立たせた」[7]。

何が罪なのかよく分からないが、子供を騙して、安い物で高い代価を払わせたというのであろう。

船団の中のジューエル号で、海員の一人が死んだ。「極めて冒瀆的な男。乗客に対して非常に危険な人物。船長の意志には大いに反したが[8]」。（この男は処刑されたのではないか？）

一六三一年。本格的植民が始まって間もなくである。

「このコートにおいて、クラドック氏の召使フィリップ・ラトクリフが、我々の教会および政府に対して、極めて悪辣で中傷的な非難を浴びせたとして有罪の判決を受け、笞打ちの上、耳を切り落とし、植民地からの追放の刑が科せられ、執行された[9]」。

この刑の残忍さについては、イングランド本国でも話題になったという。ラトクリフは、トーマス・モートンらと共に、後々まで植民地体制に楯突いた。

一六三一年。「前のコートで、一人の若者がインディアンの女に性交を迫ろうとした廉で笞打ちの刑に処せられた。この女の夫が、女と共に訴え出ていたが、処刑に立ち会い、大いに満足した[10]」。

「同じコートで、ヘンリー・リンという男が、植民地政府や教会のやり方に対する誹謗を書き綴った手紙をイングランドに送ろうとして、笞打ちの上追放された[11]」。

一六三一年。「ジョシアス・プレイストウと彼の二人の召使が、チカタボットインディアンからコーンを盗んだ罪に問われ、プレイストウはコーンを二倍にして返し、ゼントルマンの呼称を剝奪し（ミスターを付して呼ばない）、五ポンドの罰金を支払うよう命じられ、召使は笞打ちの刑とされた[12]」。ミスターを付けず、名前を呼び捨てにされるのは大きな恥辱だったようだ。

このチカタボットインディアンは、ボストンを流れるネポンセット川流域に住んでいた小さな部族で、ウィンスロップ到着後間もなくから係わりがあった。族長チカタボットがウィンスロップを訪ねて来て、洋服をねだって作って貰ったこともあった。また彼の部下がイギリス人の家畜に危害を加えたとして補償を求められたこともあった。

一六三二年、次の事件があった。

「前のコートで、チカタボットの部下二人が、ドーチェスターで、家の中にいるイギリス人を襲撃したとして、呼び出されて有罪とされた。彼らを足枷に繋ぎ、チカタボットに打擲させた[13]」。

植民地では、初期の段階から、インディアンとの対応が重要な課題であった。チカタボットは間もなく疱瘡で死んだが、チカタボット族は、一六四四年、マサチューセッツ湾植民地政府に臣従を申し出て、その管轄下に入った。

一六三二年。「ウォータータウンのホプキンズという男が、ゼイムズ酋長に、銃やピストルを火薬、弾丸をつけて売ったことにより有罪とされ、笞打ちの上、頬に焼き印を押されるという判決を受けた。事件は、ゼイムズの部下の一人が、名前を明かさない条件で申し出て発覚した（そうでなければ、この部下は間違いなく殺されたであろう）[14]。

ゼイムズというのは、インディアンにイギリス人名を付けて、通称として呼ぶ例があった。

一六三三年の記事。これは正規の裁判ではないが、当時の罪と罰の意識について知る参考となろう。

「ロックスベリーのムーディという人の召使二人が、牡蠣を取りに行き、ボートをしっかりと繋いでいなかったので、大波が来て流され、二人とも溺死した。……これは明らかに彼らに対する神の審判であった。というのは、彼らは邪悪な人間であったからである。一人は、先日、身持ちの悪いのを叱られ、地獄に堕ちるぞと言われたのに対して、『地獄が十倍熱かったとしても、主人に仕えるよりもそっちの方へ行きたいものだ』と答えた。彼は数年間年季で縛り付けられていたが、もし自由だったらもっと多くの賃金が稼げると思っていた。主人は、彼をそれほどむごく取り扱っていたのではないのだが[15]」。

この話は、年季奉公の召使の悲惨さを示すものと言えよう。彼らの中には生活の苛酷さから逃げ出して、インディアンに交じって生活をしたり、見付かって連れ戻される者もあった。

また、一六三一年の記事に次のようなのがある。

「長い間テント暮らしをしているような貧しい人たちが、壊血病にかかり、とくにボストンやチャールスタウンで、次々に死んで行った。船がレモンのジュースを運んで来て、多くの人が間もなく回復した。一般に、いつも不平ばかり言って、イングランド時代の生活を懐かしがっているような者に限って、壊血病にかかり、死んで行くように思われる[16]」。

一六三三年。

「キャプテン＝ジョン・ストーンは仲間を引き込んで酒浸りで、身持ちが悪かったが、ある夜バークロフトの妻と同じベッドに寝ているのが見付かり、ガヴァナーのところへ連れて来られた。彼は酔っていて、何をやったか証明出来なかったが、裁判を受けるのが適当だとして、出港間際の彼の帆船を留める令状を出した。これに対して、彼は司政官のところへ行き威張った脅迫的な言辞で詰め寄った。そこで、司政官は人を遣わして彼を捕らえ、ガヴァナーのところへ引き出した。ガヴァナーは彼に足枷を嵌め、コートが開かれるまで監視下に置いた（しかし、足枷はその日のうちに取り外された）。コートは、彼を姦通の罪で起訴しようとしたが、大陪審は証拠不充分とした。しかし、他の不行跡に対して百ポンドの罰金としたが、実際に取り立ては行われず、コートの許しを得ないで再び戻って来たら死刑を覚悟せよと申し渡した。女には、今後身持ちをよくするよう命じられた[17]」。

前にも触れたように、ジョン・ストーンは、小さな帆船を持って、植民地各地で交易をやっていた男のようで、以前にプリマスの船に対して海賊を働いたとして捕らえられたことがあった。

その後、ストーンはピークウォットインディアンに殺されたが、これはピークウォット戦争の遠因の一つともなった。いずれにしても、ストーンのようなならず者が植民地には横行していたのである。

一六三四年。「このコートで、……ロバート・コールが、これまでも数度大酒飲みで罰を受けていたが、これから一年間、首に赤色のDの字を吊すよう命じられた[18]」。Dは大酒飲みdrunkardの頭文字か。

一六三五年。「セイ、ブルック両卿の植民地パスカタクワックのガヴァナー＝ウィギン大尉から、安息日の祈りの時間中に、互いに男色を犯した二人の男を、ここ（マサチューセッツ湾）で裁判してくれるよう依頼の手紙が我々のガヴァナーに寄せられたが、ガヴァナーは、司政官らと協議の結果、ここで裁くのは適当でないと返事をした[19]」。

セイとブルックはイングランドの貴族で、コネチカットやニューハンプシャの一部の地域に対するパテントを得ていて、しばしば権利を主張したが、実効支配は出来なかった。パスカタクワック（ピスカタクワ）は、ニューハンプシャ東南、現在のドーヴァー付近である。

一六三五年。「数人の不埒な召使ら（六人）が、小舟や他の物を盗んで逃げ出した。ゼネラルコートは追跡隊を作って、彼らを追わせた。彼らは、ショール島（ニューハンプシャ東南の島）からパスカタクワックまで追いかけ、そこで夜、家の中にいたのを奇襲をかけて捕らえ、ボストンへ連れ戻した。次のコートで、彼らは酷い苔打ちの刑を受け、追跡に要した費用を全額支払うよう命じられた[20]」。

一六三六年。「ボストンで一人の召使が主人の物を盗み、司政官に突き出すと脅され、自分で首を吊って死んだ。これに関して三つの事柄が明らかである。①この男は大へん冒瀆的で、いつも悪態をつき、安息日にミーティングから抜け出して主人の物を盗んでいた。②彼は首を吊すのに細い漁網を使っており、膝が部屋の床に着いていた。メイドが入って来た時はまだ息があったが、人を呼びに行っている間に息が絶えた。③彼の不満は、（よく取り扱われていたのに）長い間主人に仕えなければならないことにあった。その同じ日に、バーミューダにいる彼の父から手紙が来て、その中に彼の年季を買い戻すようにとお金が入っていた[21]」。この召使は、家が貧しくて、借金をして年季奉公に来ていたのである。

一六三七年。「ボストンで二人の男が殺人の廉で絞首刑に処せられた。一人はジョン・ウィリアムズという船大工で、最近渡って来たのだが、窃盗の罪で牢に入れられた。ところが、彼はジョン・ホディと一緒に牢を破って逃げ出した。そして、セイレムを過ぎてイプスウィッチへの途中の池の傍で、ホディを殺して衣服やその他の持ち物を盗み、盗んだ服を着てイプスウィッチへ行った。そこで再び捕らえられた。彼の衣服は血だらけであったが、何の白状もしなかった。ところが、一週間ほどして、ホディの死体が発見された。牛が、血の匂いを嗅ぎ吠え出したので、牛主が見ると、小石の山に覆われた死体があった[22]」。

「もう一人は、ウィリアム・スクーラーというロンドンの葡萄酒職人で、姦通を繰り返し、決闘で人を傷つけたためオランダへ逃げ、それから妻をイングランドに残したまま、当地へやって来た。彼は、もう一人の男と一緒にメリマックに住んでいたが、ニューベリーのメリー・ショリーというメイドに頼まれて、パスカタクワックにいる彼女の主人のところまで十五シリングで案内してやる約束をして、二人で出掛けた。ところが、二日してスクーラーは戻って来たので、どうしてそんなに早く帰って来たのか尋ねると、行先の二、三マイルのところまで連れて来ると、彼女はそれ以上進もうとしなかったので、残して帰って来たと答えた。イプスウィッチの司政官が調べたが、何も不審な点はなかったので、彼は放免された。しかし、一年後、ピークウォット戦争のため徴集されることになると、彼はこれに反抗して悪態をついたので、ガヴァナーは令状を出して彼を逮捕した（実のところ、何人かの人が聞いたという話から、メイドの死のことで疑われていたのだ）。彼は再び取り調べを受け、数人の証人が証言した。彼は起訴され、充分な審議の末、死刑の判決を受けた。証拠の大要は次の通りである。

①　彼は堕落した生活を送っていた。そして、無神論者のように生きていた。

②　彼は、これまで行ったこともないところに、彼女を連れて行ってやると、自分から言い出した。

③　メリマック川を越えた時、通常の道から三マイルも離れていて、そこから彼女が道に辿り着く

のは不可能に近かった。
④　彼はウィニコウェットハウス（ニューハンプシャのハンプトン）を通ったと言っているが、それは経路の反対側である。
⑤　彼はスワムスコット（エクセター）の二、三マイルのところで女と別れたと言っているが、その後先方にそのことを知らせにも行っていないし、また夜の間付き添ってやってもいない。そして、帰って来ても尋ねられるまで、彼女のことを誰にも語っていない。
⑥　彼が帰って来た時、財布の中には十シリング以上入っていた。彼は全く金を持たなかったのに、彼女は七シリングしかくれないと言っていた。
⑦　彼が帰って来た時、帽子とズボンの前に少し血が付いていた。彼は、殺した鳩の血だと言った。
⑧　彼の鼻の左側に引っ掻き傷があった。近所の人がどうしたのかと尋ねると木苺の棘で掻いたと答えた。しかし、傷は小さな爪の広さであった。あとで司政官に尋ねられると、彼は銃で出来た傷だと答えたが、それなら左側に出来るはずがない。
⑨　メイドの死体は半年ほど後にインディアンによって発見された。その場所は彼が彼女と別れたと言っているところからは十マイル足らず、また彼がメリマック川を越えたところから三マイルばかり離れた深い湿地帯の真ん中で、死体は腐敗し、衣類は傍に積み重ねてあった。
⑩　彼は、彼女と別れた直後熊と出合い、彼女を襲って殺すかも知れないと思ったと言っているが、立ち戻って助けようとしていない。

⑪　彼は牢を破り、追跡を怖れて出来るだけ遠くまで逃げて隠れていたが、さらに逃げようとして果たさず、再び牢に連れ戻された、と告白した。

死刑執行の際に、彼は罪を逃れるために多くの嘘を言ったことを白状したが、メイドを殺したり強姦したことは否認した。彼は死ぬのを嫌がり、執行を延期してくれることを願った。しかし、コートは、無力なメイドの案内を引き受けておきながら、死ぬかも知れないような場所に（何か別に方法があったであろうに）置き去りにし、何の手立ても講じなかったことは、死に値するとした。しかし、牧師や他の人たちの間には、死刑にするのに充分な証拠はないと考える人もいた」[23]。

この男は、状況証拠だけで有罪とされたわけだ。反対の意見もあったのに、死刑を強行したのは、やはり植民地の秩序を優先したからであろうか。

一六三八年、アン・ハッチンソンにからんだ次の記事がある。裁判事件ではないが、当時の悪の意識について知るのに参考になると思うので、ここに掲げる。

「帽子職人ウィリアム・ダイアの妻は、とても品のよいきれいな女であったが、夫婦共に、隠れもなくハッチンソン夫人の誤った考えにかぶれてしまい、（彼女は大へん傲慢で摘発癖があり）他人の粗探しをするやっかいな女であった。この女は、十月十七日、子供を生んだが、数か月の早産で、（死産であったので）埋葬した。この子を見たのはハッチンソン夫人とホーキンズの妻である野蛮なファミリストの産婆だけであった。この二人は黙っていたが、この子をちらっと見たもう一人の女が、秘密を守ることが出来ず、この子が怪物であったと洩らし、それが噂となって広がった。長老の一人がこれを聞き、出発しようとしていたハッチンソン夫人に問い質した。そこで彼女は、その時の事情を語り、出生記録に登録するつもりだったが、(コットン氏の忠告により)今まで隠していたと述べた。これがガヴァナーの知るところとなり、彼は司政官と長老を呼び、産婆を召喚し、審問した。産婆は最初は、ただ頭に欠損があり歪んでいたとだけ答えたが、ハッチンソン夫人が何もかも喋ったと聞かされ、さらにガヴァナーが墓を開いて調べるつもりだと言うと、彼女は次のような証言をした。すなわち、それは女の子で死産であった。予定日より二週間早く生まれ、数時間前まで生きていた。逆子で出て来たので、直してやった。普通の大きさで、顔は付いていたが頭部がなく、耳が肩の上に突き出ていて猿の耳のようにしていた。額はなく、目の上に四本の堅い鋭い角が付いており、その二本は一インチ以上の長さで、他の二本は短かかった。目も口も突き出していた。鼻は鉤のように上を向いていた。胸や背中は鋭い棘と鱗で覆われ、鱏《えい》のようであった。臍と腹の全部と性器は背中の側に付いていて、背中と臀部は前側にあった。肩の後ろ側に口が二つあり、どちらも赤色をした肉が突き出ていた。他の子供と同様腕や足はあったが、両方の足には人間の爪ではなく、若鶏のような鋭い鉤爪が付いていていた。

ガヴァナーは、この件についてコットン氏と話し合ったが、これを隠しておくように忠告した理由を、コットン氏は次のように説明した。①彼がそこに神の摂理を見たからであった。つまり、彼女が陣痛で苦しんでいた時近くで右往左往していた他の婦人たちは引き離しておくべきであった。②彼は、それが彼自身のことだったとしても、隠しておきたいと考えたに違いない。③彼はこれまでにも、怪物が生まれて来て隠された事例を知っているし、神は、両親やそのことを知っている人たちにだけ教訓を与えようとされたのだと思った。

ガヴァナーは、他の司政官やボストンの長老らの意見を聞いて、その怪物を墓から掘り出させた。死体は大いに腐敗していたが、角や鉤爪、鱗など大ていの物は識別出来た。その子が母胎の中で死んだ時（それは出産の二時間ばかり前だったが）、母親が寝ていたベッドが揺れて、その上とても不快な匂いが漂い、大ていの女たちはひどい吐き気と下痢を催し、その場にいられなくなった。他の人や子供らも（これまでに経験したことのない）引き付けを起こし、家に帰された。このような理由で、隠しておくことになったということであった。

もう一点注目すべきは、ハッチンソン夫人が教会から追放されたその時、事件が発覚したことである。ダイア夫人が彼女と一緒に出掛けようとすると、誰かがこの若い女は何者かと尋ねた。すると他の人がこれが怪物を生んだ女だと答えた。それが噂の発端となった。産婆は、この件が発覚すると間もなく、マサチューセッツを出て行った。実のところ、彼女はその時立ち去っていてよかったわけだ。彼女は、若い女たちに、マンダラゲ（麻酔に効く有毒植物）の油や他の薬物を使って妊娠させていたことが明らかになったからである。彼女は魔女だとの疑いが濃厚で、信じられる報告によれば、彼女が（医療もやっており）薬を与える時は、相手に対して、信じるならば救ってあげると言っていたということだ。さらにもう一つ注目すべきは、この怪物の父親は、このとき家に帰っていたが、次の安息日に、思いがけない神の摂理によって、教会の中で生まれながらの義しさをすべて否定するという、いろいろな途方もない誤りについて質問され、彼はこれらの誤りを支持したので、訓戒を受けた[24]」。

このメリー・ダイアは、一六六〇年、クエーカーとして糾弾され、処刑されたとされる。

以上の記事は、当時の迷信を知る上で面白い。ジョン・コットンのような当時の知識人も、怪物や魔女についての認識は、この記事が示すようなものであったのである。この記事から受ける印象では、コットンはアン・ハッチンソンやメリー・ダイアには、やや好意的であったと見える。

神の意志に反する女は怪物を生むという信仰があったようで、アン・ハッチンソンも鬼子を生んだとされる。

一六三八年。次の記事がある。

「長老らは、（長い間姦通の廉で獄中に留められている三人の取り扱いに関して、姦通に係わる法令についての考えを述べるよう求められていたので）法令が充分に公布されていたのなら、彼らは死罪となるべきであると、理由を付して回答をした。コートは、公布の点で問題があったこと、とくに代議員などの間で、その法令はゼネラルコートの承諾の下でアシスタントのコートで作られたものであり、実際に施行されているかどうかしばしば疑問視されていたことなどを考慮して、これら三人は、笞打ちの上追放するのが最も適当だと考えた。そこでこの法令は確認され公布された[25]」。

一六三一年に定められた姦通に関する法令では、当事者双方とも死刑とされていた。

一六三八年。「プリマスで、四人の召使が主人から逃げ出し、プロヴィデンスへやって来て、一人のインディアンを殺した。インディアンは腹に瀕死の傷を受け、他のインディアンに知らせてから死んだ。事が発覚したので、四人はアクィデイ（ロードアイランド）へ逃げ、そこで逮捕された。ウィリアムズ氏は、マサチューセッツ湾のガヴァナーにこのことを知らせて、意見を求めた。ガヴァナーは次のような返事をした。彼らはプリマスの者であるから、プリマスに通知をして、引き取りに来たら引き渡すべきだ。そうでなければ、殺人が行われた場所にはイギリス人の管轄権が及ばないし、またアクィデイ島にはまだ政府が確立していないので、最も安全な方法は、間違いなく殺人を犯した首謀者を、拷問はしないようにとの注意を付して、友人のインディアンに引き渡し、他の三人については当分留め置いたがよい、というものであった。

この後プリマスが身柄を引き取り（一人は逃亡した）、プリマスのガヴァナーがマサチューセッツ湾のガヴァナーに犯人らがイングランドに上告しようとしているとして、どういう取り扱いをしたらよいか忠言を求めた。ガヴァナーは、返事を送り、上告は成り立たず、イングランドで裁かれることはないから、プリマスで裁判を進めるよう激励をし、植民地全体がこの事件に関心を持っており、正義が行われるのを期待していると申し伝えた。そこで、プリマスでは次に述べるように、裁判が進められた。

三人の囚人は、プリマスに連行され、審問に付された。三人は殺人を自白し、それはワンパムを盗むためだったと供述した。しかし、問題はそのインディアンの死についてであった。というのは、誰も彼の死を見たという証言が出来なかったからである。しかし、ウィリアムズ氏とプロヴィデンスのゼイムズ氏が宣誓の上、彼の傷は致命的であったと証言した。さらに、二人のインディアンが（今でもイギリス人はインディアンを皆殺しにしようと企んでいると恐れていたので）ようやくのことで裁判に出頭し、宣誓の上で、もし彼があの傷で死んでいなかったら、我々が死んでよい、と証言した。これにより、三人は死刑を宣告され、刑が執行された。そのうち二人は大いに罪を悔いて死んだ。とくにアーサー・ピーチは、よい家庭の出で、よい境遇にあり、ピークウォット戦争ではよい働きをした男であった。

四人目の男はパスカタクワックへ逃げた。ガヴァナーが後を追わせたが、パスカタクワックの人たちが彼を庇い、公然と逮捕を阻んだ。我々のところから逃げ出したそのようなつまらぬ者らを支援するのは彼ら（そのうちの数人）のいつものやり方だ[26]。

この事件について、ウィリアム・ブラッドフォードの『プリマスプランテーションの歴史』は次のように記録している。

「今年、三人の男が（正当な裁判の後）彼らが犯した強奪と殺人の廉で処刑された。彼らの名前は、アーサー・ピーチ、トーマス・ジャクソン、リチャード・スティニングスである。もう一人四人目の男ダニエル・クロスは同じく有罪であったが、逃亡して見付からなかった。このアーサー・ピーチが首謀者で、他の者の指揮者であった。彼は頑丈で向こう見ずの若者で、ピークウォット戦争に参加し、はなばなしい働きをし、どの作戦でも先頭に立った男であった。ところが、今になって収入がなく、働くのが嫌で、無精者らの仲間に入り、オランダ人プランテーションへ行こうと思い立った。そこで、これら三人の召使で見習いの男を誘い、一緒に出掛けることにした。彼がこのようにこっそりと出て行こうとしたもう一つの理由は、彼が借金に陥っていたばかりでなく、一人の女を孕ませていたからであった（このことは彼の死後発覚した）。彼は人の召使であったことから、処罰を恐れて逃げ出したわけである。他の三人は彼と共謀して夜中に主人から逃げ出し、行先が分からなくなった。というのは、彼らは普通の道を通らず、追跡をかわしたからである。彼らはマサチューセッツ湾とナラガンセットの間の道に入ると、一休みしようと、道からちょっと離れたところで火を起こし、タバコを吸った。そこへ一人のナラガンヤットインディアンが通りかかった。彼はマサチューセッツへ商売に行って来て、布地やビーズ類を持っていた（彼らはこのインディアンに前に会っており、彼は今帰るところだった）。ピーチが、一緒にタバコを吸おうと誘ったところ、彼は傍に来て座った。ピーチは他の者らに、この男を殺して持ち物を奪おうと持ちかけた。しかし他の者は怖がって尻込みをしたので、彼は、こいつを殺せ、ごろつきめ、何人も殺して来たんだぞ、と言った。そこで他の者らはピーチのしたいようにさせておいた。すると、時を見計らって、彼は剣を取り、インディアンに襲いかかり、一、二回体に突き通した。そして五尋のワンパムと三コート分の布地を奪い、インディアンは死んだものと思って放置し、そこを立ち去った。しかし、彼らが立ち去った後、インディアンは這い上がって、やっとのことで家に辿り着いた（しかし、彼は数日後死んだ）。これにより彼らの仕業が発覚した。インディアンらは巧妙な方法で彼らを連れて来た。彼らは（何も知らないと思って）水路を渡るのにカヌーを借りたいと言って来たので、酋長の命令でアクィデイ島へ連れて行き、そこで彼らを殺人で訴えた。そして、そこのイギリス人によって調べられ、逮捕された。インディアンらはウィリアムズ氏を呼んで来て、悲痛な訴えをした。男の友人や親戚の者が武器を執って立ち上がろうとしているし、イギリス人が襲って来るとピークウォットが言っていたのは本当だったと、他の者にも蜂起を呼びかけようとしていた。しかし、ウィリアムズ氏は、間違いなく正義の裁きが行われるからと、彼らを宥め、医者のゼイムズ氏を連れて傷ついた男のところへ行き、誰がどんなふうにして彼をこんな目に遭わせたかを尋ねた。医者は彼の傷が致命的で、命はないことが分かった（彼はあとで公開の法廷で陪審員の前で証言した）。

そして、このインディアンは間もなく死んだ。そのことは、ウィリアムズ氏、ゼイムズ氏、それに数人のインディアンが法廷で証言した。マサチューセッツ湾政府はこの事件について連絡を受けたが、ここ（プリマス）の管轄内で起こったことであるから当地で裁くように、また必ず正義に基づいて処断されるよう、そうでなければ戦争が起こるかも知れず、植民地全体が正義を守るために手を打たなければならなくなる旨を伝えて来た。それでも粗野で無知な人たちの中には、インディアンのためにイギリス人が死刑になることに不満を述べる者もいた。犯人らは島からここに連行され、厳しい審問を受け、証拠が提示された。ついに彼らは、インディアンの告発の通り、前に述べたようなやり方で犯行に及んだことを全面的に供述した。そこで、前述の証拠に基づき、陪審員によって死刑の判決を受け、処刑されたものである。数人のナラガンセットインディアンと被害者の友人が処刑に立ち会った。そして彼らも植民地全体も大いに満足した。しかし、これは当地の人たちにとっては大いに悲しむべきことであった。これは彼らがこの地に渡って来てから二度目の死刑執行であった。両方とも、前にも言ったように、故意の殺人によるものである」[27]。

このブラッドフォードの記事から窺えるのは、この事件の裁判にはマサチューセッツ湾政府の意向が大いに反映していたことである。一人のインディアンを傷つけ死に至らしめた事件で、三人ものイギリス人が処刑されるのは、やはりやり過ぎの感がある。しかし、植民地としては、インディアンとは出来るだけ融和を保ちたかったであろうし、イギリス人が正義を守る人種だということも見せておきたかったに違いない。

プリマスでは、一六三〇年のジョン・ビリントンの処刑以来二度目の死刑執行であった。処刑は村の近くのギャローズヒルで行われたと伝えられているが、一六九二年魔女らを処刑したセイレムにもギャローズヒルの話があり、後世の人は、当時の出来事を無気味な気持ちで思い出したことだろう。

この事件の犯人がすべて主人の下で働く召使で、彼らの貧しい不安定な生活を浮き彫りにしている。

事件が起こったのは、現在のマサチューセッツ州南西端のシーコンク付近であったようで、ロードアイランドのプロヴィデンスと向かい合ったところで、のちに境界について紛争が起こった。マサチューセッツを追われたロージャー・ウィリアムズは、現地のインディアンに信頼され、しばしばイギリス人との間の仲介に力を尽くした。

一六三八年。「ボストンでドロシー・タルビーが、三歳になる自分の娘を殺したとして、絞首刑になった。彼女はセイレム教会のメンバーで、信心深い女であったが、夫と不和となり、精神的に不安定で、時々、神の啓示だと言って、食事を拒み、夫も子供も殺し、自分も死のうとしたことがあった。教会は我慢の末、何度も訓戒を与えたが効果がなく、ついに彼女を追放した。すると、彼女は一層悪くなったので、司政官が呼びつけて笞打ちにした。彼女はそれで立ち直って夫にも忠実になったように見えたが、しばらくすると、彼女は悪魔に取り付かれ、(眩惑で神からの啓示だと)今後の惨めさから解放されるために自分の子供の首を折ってしまった。彼女は捕らえられて、このことを白状した。しかし、審問に際しては沈黙を続けたので、ガヴァナーが、石で押し潰して殺すことになると告げると、彼女は起訴について告白した。彼女は、判決を受ける時、顔を覆ったままで立ち上がろうともせず、無理に立たせられたが、その時も処刑の時も、悔悟の言葉は聞かれなかった。顔を覆っていた布切れを取って、首とロープの間に挟んだ。そして、首を切って貰いたい、その方が苦痛や恥辱が少なくて済むからと言った。一、二度体を揺すった後、彼女は梯子にしがみついた。前の牧師のピーター氏とウィルソン氏が、彼女を処刑の場所に連れて行ったが何もすることが出来なかった。ピーター氏は集まった人たちに対して、まやかしのお告げなどには惑わされないように、また彼女がしたように破門の申し渡しを軽視することのないように訓戒を与えた。ところが、それが彼女に向けて宣言されようとすると、彼女は後ろ向きになり、押し留めなかったら立ち去ろうとした[28]」。

処刑の際の生々しい光景が目に浮かぶ。裁判の時に、被告が、罪状認否を拒み、黙秘をすると、石で押し潰されることになっていたという。一六九二年のセイレムの魔女裁判では、ガイルス・コーリーという老人が、罪状認否を拒んだため、石で押し潰されて死んでいる。これは、有罪になった場合、財産が没収されるのを怖れ、罪状のないまま死んで子供に財産を残すことを望んだためであったとされている。

一六三九年。ボストンで「ゼネラルコートはクウィネピアック（のちのニューヘイヴン）の商人の弟ナサニエル・イートンを召喚し、懲戒した。事情は次の通りであった。彼は教師であり、植民地内の紳士やその他名のある人たちの息子を多く学生として持っていたが、一紳士の子ナサニエル・ブリスコーを助手とし、学生としてふさわしい手伝いをさせることにした。ところが、採用して三日も経ないうちに、イートンは取るに足らない理由でこの助手と対立し、彼を叱責し、馘にしてしまった。そして、家の外に追い出し、安息日の午後八時頃だったが、朝まで入って来るなと言った。しかし、その間のやり取りで、彼はこの学生を殴りつけ、家の中に引き込んだ。ブリスコーは身を守るため取っ組み合いとなったが、手を引いて自分の部屋に閉じ籠った。イートンは警官を呼んだが、警官は、教師の力で、よく注意をし、矯正の努力をし、その後で司政官に訴え出るようにと忠告をした。しかし、イートンは（クルミの木で作った馬でも殺せるほどの一ヤードの長さの）棍棒を持って来させ、二人の男を連れてブリスコーの部屋へ行き、男に彼を押さえさせて、頭や肩を二百回も殴りつけた。それも（二、三回休止したが）およそ二時間の間殴り続けた。その間に、シェパード氏ら近所の人数人が騒ぎを聞いてやって来て、そこで彼は殴るのを止めた。この騒ぎの中で、ブリスコーはナイフを出し、押さえていた男を襲ったが、怪我はなかった。そして、彼は（殺されると思って）祈りを始めたが、イートンは、神の名をみだりに用いたとしてまた彼を打った。そのあとで、イートンと（これまでの経緯を知らなかった）シェパード氏がガヴァナーと数人の司政官のところへやって来て、ブリスコーの横柄な言葉遣いや人殺しと叫んでナイフを取り出したことについて述べ、公に注意を与えるよう訴えた。司政官は、ブリスコー本人の言い分を聞いてから処分を決めたいと言うと、イートンはこれに不満を示し、立ち去った。その後、イートンはコートに呼び出され、事の真相を知っている人からの情報に基づいて彼の説明を求めた。さらに、学生に対する彼の怠慢や残酷さなどの悪行についても答えを求めた。……彼の答えは傲慢で侮辱に満ちたものであった。そして、司政官に対し、自分は教職を辞するつもりだから、何もしなくてよいと言った。しかし、何故彼は助手のブリスコーや他の学生にそれほど残忍な扱いをしたのかと尋ねられて（別の助手や多くの学生らが、彼は一度に二十回から三十回も殴り、自分の思い通りになるまで許してくれないと証言していた）、彼はそれが自分のルールであり、相手が言うことを聞くようになるまで矯正を続けるのだと述べた。また彼の寄宿生に対する食事の質の悪さや量の少ないこと（というのは、多額の寄宿費を払っているのに、出される食事はポリッジ（オートミールの粥みたいなもの）とプディングくらいな粗末なものだけ）について尋ねると、彼はそれを妻のせいにした。次の日、コートは彼を呼び出し、テーブルの末端（いつも犯罪人が立つところ）に立たせ、四、五人の宣誓証言の上で、彼がこれまでに犯した罪に対して有罪を言い渡した。しかし、彼は自己の正当性を主張したので、夜も近く、彼は警備官によって翌日まで拘留された。翌朝コートが開かれた時、多数の長老が入って来て、昨夜彼に間違いを認めさせようと手を尽くしたが、彼は頑なに自分の正当性を主張した、しかし、最後になって、彼は耳を傾けるようになり、涙ながらに全面的に罪を認めた、そこで彼らとしては彼が充分に悔悟していると思っているので、コートは彼を赦免し、仕事を続けさせてほしいと希望を述べた。長老らが立ち去ると、コートは協議の上、イートンを呼び、そしてその公開のコートで、多数の人が集まっている前で、彼は充実した、賢明で能弁、かつ真剣（表面的には）な告白を行い、すべての点について自分の非を認めた。そこでコートは、彼を外して、判決について秘密に協議をした。多くの司政官は彼の告白に心を動かされたが、誰も寛大な意見は述べなかった。また宗教に係わる問題でもあり、子供を学校へ送ろうと思っている人たちに対する罪とも言えるので、全員が彼を懲戒し、教職を禁止することで同意した。そこで、彼を呼び入れ、ガヴァナーは短い前置きの後、コートの判決を次のように言い渡した。ブリスコーに三十ポンドを支払い、かつ百マーク（一マークは十三シリング四ペンスだったという）の罰金を支払うこと、その上マサチューセッツ湾管内で教職に就くことを禁ずる、というものであった。しばらく沈黙があった後、彼は（前の告白により）神の栄光が与えられ、コートの正義と慈悲が認められると期待していたので、ガヴァナーが何か言うことはないかと尋ねると、彼は不快な顔をして横を向き、『判決が出た以上、何を言っても仕様がないだろう』と言った。しかし、コートは罰金を二十ポンドに減額し、ブリスコーには二十ポンドだけを受け取らせた」[29]。

イートンの事件は、その後ケンブリッジ教会でも取り上げようとしたが、彼はパスカタクワックへ逃げた。ところが、そこでも逮捕されようとしたので、ヴァージニアへ逃れた。ヴァージニアでの彼の生活はみっともないものであったとウィンスロップは書いているが、必ずしもそうではなかったようだ。それにしても、凄い体罰教師がいたものだが、それに対するゼネラルコートの対応も大仰であった。

学校はハーバード大学である。一六三六年の設立だから、事件はその三年後のことである。教師の中にもかなりいい加減な者がいたようだし、寄宿生の食事も粗悪だったらしい。

大学の運営は、ゼネラルコートの任命により、司政官と近傍の六教会から出された長老らがガヴァナー（理事）として当たった。一六四二年、初めて九人の卒業生を出した。

一六三九年。「アシスタントのコートに、セイレムのマーマデューク・パーシーという男が、彼の見習い召使の少年を殺したとして告発された。審問の結果、訴状は殺人となったが、死刑に関しては陪審員の意見が一致しなかった。そこで、次のコートに持ち越されることになり、パーシーはガヴァナーや数人の司政官によって保釈された。次のコートにパーシーが出頭した。陪審が再開され、更に証拠が提出されたが、パーシーの無実を証明するものが多かった。陪審員の二人を除いて全員がパーシーを無罪にすることで一致した。そこで、この二人が意見を述べないことにして、評決が決まった。理由は次の通りである。少年は性格が悪かった。そこで主人は彼に度を過ぎた矯正を行い、食事もろくに与えなかった。後になって少年は頭に傷を負い、死後解剖の結果、頭蓋骨に挫傷が見付かった。二つのことが明らかとなり、それが事件を疑わしいものにしていた。一つは、少年は死ぬ前に、主人が使った凶器は竿尺だったとか箒の柄だったとか（時によって違ったことを）言っていたし、別の者には木の枝が落ちて来て怪我をしたと語っており、これ以外には証拠はなかった」[30]。

この話は、反面、召使らの生活がいかに苛酷であったかを示すものと言えよう。

一六三九年。「この頃、プリマスで忘れられない事件があった。リンのケイサーという男が、教師だが名うての盗人のディッカーソンを伴って、自分の小舟でプリマスへ来ていたが、引き潮になり南向きの強い風に乗って港から出ようとした。しかし、三時間も懸命に努力したが、一リーグ以上舟を動かすことが出来ず、仕方なく立ち戻り、錨を下ろし、上げ潮となったので、町へ帰って来た。彼らが上陸するとすぐ、ディッカーソンは盗みの疑いで逮捕され、調べたところ、金の指輪や他の金製品を隠し持っているのを発見され、これにより彼は笞打ちの刑に処せられた」[31]。

一六三九年。この話はインディアンによるイギリス人殺人未遂事件であるが、どうも作り話のようだ。

「ケネベックで、インディアンが食糧に困り、近くにプリマスの交易所があったので、そこのイギリス人を殺して食糧を奪おうと計画した。数人のインディアンが家の中に入ってみると、そこの主人のウィレット氏が聖書を読んでおり、顔がいつになく荘厳さに満ちていて、彼らに対していつものような愛想のよさを見せなかった。それで、彼らは外に出て、仲間に彼らの計画が見破られたに違いないと告げた。その理由として、ウィレット氏の顔付きから、読んでいた本から彼らの企てを知ったのだ、と語った。それで彼らは計画を断念した[32]」。

ケネベックはメイン州の中央の地域だが、プリマスはここに権利を得て交易を行っていた。トーマス・ウィレットはのちにニューヨークの初代長官となった。彼の信心深さを示すエピソードと言えよう。

一六四〇年。これは犯罪とまでは言えないが、植民地政府はこのようなことまで気を使っていたのである。

「副船長ベイカーは、飲んだくれて、女王のことを悪しざまに非難した。ガヴァナーや司政官はどう彼を処置すべきか迷ったが、彼は錯乱していて、それを後悔しており、また外来の船の上級船員でもあり、多くの船が港に停泊しているのを考えると、彼に刑罰を科するのは適当ではないとした。しかし、彼を二、三日拘留の上、頭上に紙を乗せ、一時間笞打ち台に座らせ、その後解放した[33]」。

一六四〇年。この男は死んでいなかったら、犯罪人として裁かれたであろう。

「一人のたちの悪い男が、獣姦を犯し、裁かれるのを恐れてロングアイランドに逃げ、そこで溺れて死んだ。彼が人に語ったところによると、彼はその忌まわしい行為に取り付かれ、彼の前に獣が通ると、必ず欲情が起こったという[34]」。

一六四一年。「コートにおいて同性私通の処罰について疑問が提起された。というのは、神の法では、男は女とのみ結婚し、または一定の金額を女の父に支払うことになっている。しかし、この事件は二人の召使の間で起こったので、二人は主人の家を汚したという悪事に対して笞打ちの刑を受けた。それ以上のことは出来なかった。同じように難しい問題が強姦に関して生じた。強姦は、神の法によると死罪であるが、これは、少年が七、八歳の女の子に対して行ったものであったので、少年はひどい笞打ちを受けた。しかし、姦淫に関する法の公正さからすると、生殖の可能性のない幼い女の子と肉体関係を持った男でも、男色、獣姦と同様自然に反するのであるから、死罪にするのが当然であろう[35]」。

一六四三年。これは教会にからんだ犯罪であるが、政治と宗教が一体であったのを示す一例である。「それぞれの教会は、牧師を維持する費用をどうして調達するか、いろいろと異なるやり方をしていた。税金で賄っているところもあったが、これには不満な者もいた。中でもウォータータウンのブリスコーは、納屋が火災に遭い、教会のメンバーでない他の数人も税金が掛けられているのを嘆き、課税反対の本を書いた。彼の税に関する主張は取るに足らないものだが、その上彼は本の中で長老や役員に非難を浴びせていた。この本は内密に出版され、タウンの中に動揺を引き起こした。結局、ブリスコーと他の二人がコートに召喚され、そこで彼は非難がましい言葉を使ったことや、不平があればコートか司政官に申し出るべきなのに、本に書いて出版した誤りを認めた。そこで（本の内容は問題にされなかったが）、その誤りやコートを軽視したことで十ポンド、また出版人の一人は四十シリングの罰金に処せられた」[36]。

牧師の給与はボランティアの醵金によるという建て前みたいなものがあったようだが、それでは充分でなく、税金に頼るタウンもあったわけである。

一六四四年。「アシスタントのコートで、我々の教会の規律や市民政府に反抗的だった男ゼイムズ・ブリトンと、信仰深い父を持ち、育ちのよい十八歳の若い娘メリー・ラザムが先般制定され印刷の上公布された法令に基づき、姦通の罪で死刑判決を受けた。事件発覚の経緯は次の通りである。この女は、好意を持っていた男に拒まれたことから、誰でもよいから次に近づいて来た男と結婚しようと心に決めた。そこで、友人の忠告に逆らい、正直でもなく才能もない、全く愛情を感じない年輩の男と一緒になった。結婚後間もなく、数人の若者が、なかんずくこのブリトンが、彼女に言い寄り、悪い仲間に引き込み、酒や品物を贈って、容易に彼女の貞節を奪った。しかし神は、心の麻痺と良心の恐怖をもって彼を襲われたので、彼は秘密を保つことが出来ず、このことと共に他の婦人とも同様の関係にあったことが発覚するに至った。そして、しばしば自分に不利な自白をする者を愚か者と呼んでいたのに、自分がその羽目に陥り、神の裁きの公正さを認めざるを得なかった。この女はその時プリマスの管内に住んでいたが、そこの司政官の一人が、彼女の悪行を知り、我々の方へ送って来た。審問の結果、彼女はそのようなことを企てたことは認めたが、犯してはいないと言った。証人が呼ばれ、その証言によると、祈りの日の夜などに、仲間らがブリトンの家に集まり、酒を飲んでいたが、夜遅くになり、ブリトンとこの女が家から少し離れた地面の上に一緒にいるのが見られた。また、彼女はしばしば夫を虐待し、胸にナイフを突きつけて殺すと脅したり、年寄りのならず者で密通女の夫だと罵ったり、牛のように大きな角をつけてやりたいと言ったりした。それでも司政官の中には、彼女を罪に堕すには証拠が充分でないと考える人もいた。直接の証人が二人いなかったからである。しかし、陪審は彼女を追及し、彼女は姦通の事実があったこと、また他の十二人（その中の二人は妻帯者）と関係があったことを告白した。このうち五人が逮捕され、拘留された（他は逃げた）。しかし彼らは否認、当人の女以外には証人がいなかったので、彼らについては何の処分も出来なかった。女は大いに悔悟の気持ちを示し、罪の深さに強い心痛を抱いた。そして、最後に、キリストの血による許しの希望に到達し、正義が行われることに満足して死んで行く気になった。男も、自分の罪のために大いに打ち拉《ひし》がれたが、死ぬのを嫌がり、ゼネラルコートに救命の嘆願をした。これは認められなかったが、司政官の中にはこれを支持し、姦通を死罪とするのは現在でも神の掟であるのか条文に疑義を述べる者もいた。このブリトンはイングランドでは教授であったが、当地へ来て、教会政治に反対するなど、放埒になり、信仰深い力も職業も失ってしまった。

（数日後）両人の死刑が執行された。両人とも大いに後悔して死んだ。女は、罪が許されるという慰めの希望を持っていたが、他の娘らに、両親に忠実で、悪い友人には注意するようにと、最後の訓戒を与えた[37]」。

一六四四年。「牧師の息子が二人、大学の学生であったが、夜人家に忍び込み、十五ポンドほどの金を奪った。大学の理事らは彼らを笞打ちとすることとし、学長が自らその執行に当たった[38]」。

これはハーバード大学での出来事である。いつの時代も、羽目を外す学生はいたわけだ。この学生の親の一人は、六百エーカーの土地を大学に寄贈したという。

一六四四年。「フランクリンという男は、前のアシスタントのコートで殺人で有罪となったが、数人の司政官が判決に疑義を申し立てたため、次のアシスタントのコートまで刑の執行が延期されていた。事件の内容は次の通りである。この男は、ナサニエル・シューエルという、去年送り込まれて来た子供の一人を見習いとして引き取った。この少年は壊血病に罹っており、その上不健康で、また性格の悪い子であった。主人は彼に苛酷で無慈悲な懲らしめを加え、冬の間にも冷たい雨の中に晒し、また煙突の中に釣り下げるなど、様々の惨い取り扱いをした。少年は大へん無気力で弱々しかったが、主人は彼を馬に括りつけ（時には座らせ、時にはぶら下げて）、約五マイルの道を、ボストンの司政官のところへ連れて来た。途中で少年は水を欲しがったが、水の傍を通ってもこれを与えなかった。

それで、ボストンに着いた時には半死半生で、数時間後に死んでしまった。これが殺人に当たるかどうか疑わしいと思っている人たちは、主として次の二つの理由を挙げた。①主人の意図は、彼を殺すのではなく矯正することにあったと思われる。②彼の死の理由または原因と思われるのは、主人が取った行動、つまり少年を司政官のところへ連れて来ることであったのであり、そのこと自体は合法的であったのである。行為と意図に悪意がない限り、殺人を犯したことになり得ない。これに対する反論として、残酷な仕打ちの連続が時間をかけて少年を死に追いやったのであり、最後の行為はその総仕上げだったのだ。見る人は誰でも心配をして、矯正のため家の外に引き出すようなことはせず、ベッドに寝させておくべきだと思うような状態の徒弟に対して取ったこの行為は明らかに不法である、との意見が出された。最近渡って来たばかりの召使が、疱瘡でベッドに寝ているのに、主人が彼の体の具合を知りながら、医師の忠告に逆らって、小便をさせるつもりだったなどの口実で、ベッドから霜の中に連れ出したとしたら、この行為は、徒弟の状況に照らしてみて、全く不法行為であり、この召使がそのために死ぬことになれば、それは彼による殺人である。意図に関して言えば、第一の意図は彼を矯正することにあったとしても、それが異常な激情からなされたものであるから、最後の意図は悪ということになる。もし誰かが突然激情に走って、仲の良い友人か子供を殺したとしたら、彼の最初の意図が教導、訓戒であったとしても、それは殺人である。また、人を傷つける意図がなかった場合でも、例えば人を突く癖のある牛だと知っていて、閉じ込めておかなかったために人を突き殺したとしたら、飼い主はそのために死罪となる。彼が牛を飼うのは合法的行為であり、人を傷つける意図はなかったのだが、彼はそれを防止するために当然なすべきことをしなかったために、殺人者となるのである。「出エジプト記」にあるように、主人が召使を棒で打つのは合法的行為であるが、それによって召使が（この召使のように）死んだら、主人は死罪を免れない。また「申命記」の、誰かが武器、手、その他何でも人が死ぬような物で打ったために人が死んだら彼は殺人者である、の例が明らかに示している通り、手段が何であっても、それが意図的に悪の目的に応用されれば、それは殺人となる。この判断に従えば、女が愛を得るために男に媚薬を飲ませ、それで男が死んだら、女は殺人を犯したことになる。

司政官らは全員この議論に満足したように見えたので、一週間後に、ガヴァナーは彼の死刑執行命令書に署名した。ところが、数人がまだ同意していなかったというので、処刑は次のアシスタントのコートまで延期された。しかし、それには充分な理由があったわけではない。死刑の言い渡しを受けた者は司政官の権力の下にあり、いつでも執行出来る状態にある。執行を延期したのは、彼との約束ではなく、司政官の間で、疑義を持つ数人の納得を得ようとしたためであり、その同意も得られたので、法に従い、「箴言」に言うように、彼は地獄へ行くのだ、誰もこれを妨げてはならない。

この男は一か月ほど前にロックスベリーの教会に入会を許されたが、この事件で追放された。しかし、教会は、彼の魂への憐憫から、死刑判決後もロックスベリーに来られるよう許可を得て、もし彼が真に後悔しているならば、死ぬまでの間教会に受け入れることにした。しかし、判決を受けた後、彼は神やコートの正当性は認めたものの、証人たちと争いとなり、自分の正しさを主張、それが処刑されるまで続いた。そして彼は救いを確信し、神は少年の死を彼の責任とされることはないであろうし、その子の血の罪は植民地の上に科せられるであろうと言い続けた。しかし梯子が外される少し前、他の人のように自分の罪を認め得ない心の堅さに気付いたように見えた[39]」。

植民地には、多数の少年が労働力として送り込まれて来た。イングランドの口減らしのためであった。これら少年の植民地での立場や生活は悲惨なものだったという。

この少年の死により、主人が死刑になったというのも、植民地がいかに殺伐としたものであったかを示していると言えよう。

一六四四年。「スタムフォード（コネチカット南西部、ニューヘイヴンの西）で、一人のインディアンが、哀れな男の家に忍び込み、家には妻とベッドに子供が寝ているだけだったので、そこにあった木ずりハンマーを取り上げると、女が子供をベッドから抱き上げようと屈み込んだところを、頭の側面にハンマーの鋭い縁で殴りつけた。女が倒れると、彼はさらに二度殴りつけ、脳髄に達する傷を負わせた。そこで彼女は死んだものと思い、傍らにあった衣類を盗んで逃げた。女はしばらくして意識を取り戻し、近所の家に辿り着き、事件を知らせ、インディアンの人相や着衣を告げた。そこで、その地域一帯の多くのインディアンが彼女の前に連れ出され、彼女がその中の一人が間違いなく犯人だと言ったので、この男を死刑にするため牢に入れたが、逃亡した。女は回復したが、思考を失った。かなりの時日を経てから、インディアンらが、これが犯人だとして別のインディアンを差し出した。

審問したところ、犯行を自白し、その状況を述べ、盗んだ衣類を示した。これにより、ニューヘイヴンの司政官らは、その地の長老らの意見ならびに当地（マサチューセッツ湾）の数人の司政官の忠告を聞いた上で、彼を死罪にした。死刑執行人は反り刀で、彼の首に八回切りつけて、やっと首を切り落とした。その間、犯人のインディアンは座ったまま背筋を伸ばしていて、身動き一つしなかった」[40]。

これは、インディアンによるイギリス人に対する犯罪を、イギリス人が裁いたものである。死刑の執行はインディアンの手によって行われた。反り刀はインディアンが使っていた、幅の広い反った刀であった。

一六四四年。インディアンに銃器や酒類を売って交易をするなど、植民地を攪乱するような行状により、何度も逮捕され、イングランドに送り返されたりしながら、その都度舞い戻って来て、トラブルを引き起こしていたトーマス・モートンの最後についての記事である。

「一年間ばかり獄中に留め置かれ、イングランドからさらなる証拠が送られて来るのを期待していたが、彼は再びコートに呼び出され、処置について若干の議論の末、百ポンドの罰金を課し、釈放することになった。彼は植民地にとっては負担となっており、無一物であり、老齢で頭がおかしいので、身体的刑罰を加えるのは適当ではなく、その代わり彼に罰金を課し、釈放しておいて、罰金を取り立てるふりをすれば、実際は彼に管内から出て行く機会を与えることになると考えたわけだ。その通りになって、間もなく彼はアコメンティクス（メイン）へ行ったが、そこで貧しく卑しい生活を送った。

そして二年もしないうちに死んだ」[41]。

一六四四年。「コーニッシュという男は、しばらくウェイマスに住んでいたが、広い土地を求めてアコメンティクスへ移住した。そして先月、川に落ち込み、頭に傷があり、横腹に棒が突き刺さった状態の死体で、土を積んだ彼のカヌーと共に沈んでいるのが見付かった。彼の妻（みだらな女で、フットマンという男と仲よくしていると噂されていた）が近づくと死体からおびただしい血が噴き出した。フットマンも死体のところへ連れて来られると、同様に血を流した。しかし、彼に関しては何の証拠も得られなかった。女はメイン地域の市長ロージャー・ガード氏その他の人の前に召喚され、彼女の犯行だとする有力な推定により、死刑の判決を受け、処刑された。彼女は死ぬまで、殺人については頑強に否認した。しかし数人の男と密通の関係にあったことを白白した。彼女は密通の相手として、前に触れた市長のガードと、エドワード・ジョンソンの二人の名をとくに挙げた。ジョンソンは彼女の処刑の時、密通の事実を公に告白した。しかし市長はこれを否定した。多分彼にはそのような事実はないように思われた。彼はこの殺人の発見に熱心かつ公平に取り組んでいたからである。しかし、それは仮装であったのかも知れない。彼は世俗的な男で、当地には妻がいないし、数人の証人は彼のこの女との係わりを証言した」[42]。

これで死刑とは少々乱暴な気もする。当時は、殺人者が近づくと死体が血を流すと信じられていた。

一六四五年。「ボストンで悲しい事件が起こった。教会のメンバーの一人が、議会の仕事のため二年間ほどイングランドに行くことになり、家庭のことなどを同じ教会の別の人（敬虔と誠実さで高く尊敬されていた若者。しかし彼の妻はイングランドにいた）に託して出掛けた。この男はやがて主人の妻（教会のメンバーではない若い婦人）と親しくなり、彼はしばしば彼女の部屋に行くようになった。ある夜、召使が二人まだ起きていて、彼が夫人の部屋に入って行くのを目撃した。これが司政官の耳に入り、二人は呼び出されて審問された（このことが発覚したのは三か月ほど後のことで、その時には彼女の夫は戻って来ていた）。男は、そのような疑わしい状態で部屋の中に彼女と一緒にいたことや、また彼女のベッドに入っていたことを白状したが、二人とも肉体的関係は否認した。陪審は、姦通は死罪であるとする法に照らして、彼らを裁いた。その結果、姦通は無罪とし、姦通を疑わせる行為があったことで有罪とした。この決定は、死刑を当然だとする多くの司政官や長老らの考えとは異なるものであった。しかし陪審は、これに対する反論として、①彼らに不利な主な証拠は、ベッドに一緒にいたという彼ら自身の自白であるので、そのような告白の一部でなく、告白全体を取り上げるべきだ。②法は二人の証人を必要としているが、これには証人は一人もいない。事実が明白な時は、状況を人を罪人とする証拠とすることが出来るかも知れないが、事実が明白でない場合は、そうはいかない。③示されている証拠はすべて姦通の疑いに過ぎず、神の法も我々の法も姦通の疑い（それほど強くない）で死刑にするわけにはいかない。そこで司政官らも、陪審の決定が最も安全であると判断した。これによりコートは二人に、処刑場の梯子の上にロープを首に懸けて一時間立たせ、そのあと笞打ちか一人当たり二十ポンドの罰金とする、との判決を言い渡した。夫は（妻の不行状をひどく非難したが）姦通に関しては彼女の無実を信じ、彼女に笞打ちの刑に遭わせるよりも二十ポンドを払いたいと言った。しかし、彼らの家は財産に乏しく、彼女は自分の愚かな行為により大にそのような負担をかけるより、むしろ笞打ちの刑を受けるのを選んだ。そして、彼は再び彼女を受け入れ、二人は共に幸せな生活を送った。彼女が裁判の時に陳述したことはすべて、事件が発覚する前、帰って来た夫に、彼女が話した内容と同じであった。すなわち、男が彼女のベッドに入って来たのは事実だが、彼女はそれに気付くと、そのような汚らわしい罪を犯すことのないよう言葉を尽くして説得、それで彼は静かになり、体に触れることなく出て行った。声を立てなかったのは、夫の留守中、彼はとても忠実で力になってくれたので、彼に刑罰や不名誉が及ぶようにはしたくなかったからだった、と話していたのであった。

この絞首台の上に立たせるという刑罰は、司政官全員が同意したのではなかった。神の法は、笞打ちの場合、四十打を超えてはならないと定めている。その理由として、汝《なんじ》の弟が汝の目に卑しく見えることのないように、とされている。どうして、これと同じ理由が死罪に当たらないすべての事件や刑罰にも適用されないのか分からない[43]」。

この絞首台の上に立たせるという記事は、『スカーレットレター』に出て来る情景を思い出させる。前に述べた飲酒常習者の首に、赤いDの字を書いたのを吊り下げさせたという話と共に、植民地時代の犯罪とその処罰方法を知る上で参考となろう。

一六四七年。「この時、大へん悲しい事件が起こった。マーティンというイングランドのプリマスの商人（彼の父はそこの市長であった）が、零落してカスコ湾（メイン南西部の海岸地帯）へやって来た。しばらくして、彼は所用のためイングランドへ帰ることになったが、二人の娘（大へん上品でつつましやかな女）を残して行った。しかし、彼は、留守中娘たちの安全のために当然なすべき配慮をしないまま出掛けて行った。そこで、長女のメリーは、二十二歳だったが、最近結婚したばかりのカスコの男ミトン氏の家に滞在している間に、この男が彼女に好意を抱き、彼女の体を求め、欲望を遂げ、三か月ほどの間に何度も罪を犯した。それから彼女はボストンへ移り、ボーン夫人の召使となった。間もなく、彼女は妊娠しているのに気付いたが、恥を明らかにすることが出来ず、隠していた。それでも、彼女の妊娠を疑った人もいて、主人にそのことを告げた人もいた。しかし、彼女の態度はつつましやかで、仕事にも忠実であったので、主人はそのような噂には耳を貸さず、むしろ告げ口をした人を非難した。やがて時が来て、彼女は夜中に、裏の部屋で自分だけで女の子を産んだ。子供は生きていたが、彼女はその頭の上に体を押しつけ、死んだと思ったので傍らに置いていた。ところが、その子は元気がよく、息を吹き返し、泣き出した。そこで彼女は再びその子を取り上げ、乱暴に打ちつけて、完全に殺してしまった。それから、死体を衣服箱の中に隠し、部屋の掃除をした後、仕事を続けた。それから十九日目に、主人夫妻はイングランドへ行ってしまった。彼らが去った後、彼女は別の家に移った。そこは、前に彼女の妊娠を疑った産婆の家で、産婆は改めて彼女の体を見て、子供を産んだのは間違いないと思った。そこで、調べたところ、彼女は子供を産んだことは自白したが、死産だったので、火にくべて焼いたと述べた。しかし、捜査の結果、衣服箱の中の死体が見付かり、そこで彼女は陪審の前に引き出された。そして、死体の顔に手を触れさせると、そこに新鮮な血が上がって来た。それにより、彼女はすべての事実を告白した。医者が呼ばれて死体を調べたところ、頭蓋骨に裂け目があった。死刑の判決の前に、彼女はシアズという別の男にも体を売っていたことを告白した。獄中で、彼女は大いに悔悟したように振る舞った。そして、死に際して心の苦痛を訴えた。彼女の告白によると、一度目と二度目の密通の時には、許しを求める祈りを捧げ、これ以上罪を犯さないことを誓った。三度目には、今後また罪を犯すことがあったら、神はみせしめとして、自分に懲罰を加えられるだろうと神に祈り、神の正しさを認め、その後もそのようにした。それでも、神が彼女に与える心の安らぎはすべて、(彼女が言うには)キリストによる神の慈悲を信頼することのみにあった。梯子が外され、体が宙に浮いた時、彼女は声を出して、何をするつもりかと尋ねた。誰かが上がって行って、ロープの結び目を後ろにずらした。すると間もなく彼女は死んだ[44]」。

ここにも、殺した者が死体に触ると、血が流れ出すという信仰がある。

一六四七年の項に、魔女の処刑について、次の短い記事がある。

「ウィンザーで一人が魔女として審問を受け、ハートフォードで処刑された[45]」。

これがニューイングランドにおける最初の魔女処刑の記事である。ウィンザーもハートフォードもコネチカットの中央にある。この魔女が男であったのか女であったのかは分からないが、大部分が女だったので、これも女だったのだろう。しかし、これだけの記事からは真相は分からない。

一六四八年。同じく魔女処刑の記事であるが、かなり詳細である。

「このコートで、チャールスタウンのマーガレット・ジョーンズが、魔女として告発され、有罪の判決を受け、絞首刑に処せられた。彼女を有罪とした証拠は次の通りである。①彼女が悪魔の触指を持っていることが分かった。多くの人たち（男、女、子供）は、彼女が愛情でにしろ不機嫌でにしろ、撫でたり触れたりすると耳が聞こえなくなったり、吐き気がしたり、激しい痛みや不快感に襲われた。②彼女は医療行為をしていたが、彼女の薬は（彼女自身の告白では）アニスの実や酒類など無害だと言っていたのに、異常に激しい作用があった。③彼女の医療に頼ろうとしない人たちに対しては、それでは決してよくならないと言っていたが、その通り病気や傷が普通になく一層悪くなり、内科医も外科医も全く理解出来ない状態だった。④彼女が予言したことはその通り実現した。彼女は、知るはずもないこと（秘密の話など）を知っていた。⑤彼女には（捜査したところ）陰部に最近吸った形跡のある乳首があった。強制捜査の時調べると、それは萎んだが、反対側に別の乳首が現れた。⑥獄中で、明るい日中に、彼女が床の上に座り、服をずり上げて腕の中に小さな子供を抱いているのが見られた。その子は別の部屋に逃げ去ったので、警備員が追いかけると消えてしまった。同じ子供が、彼女に係わりのある別の二つの場所でも目撃された。その子を見た一人のメイドが病気になったが、このマーガレットが、その目的のために用意した方法を使って回復させた。裁判の時の彼女の態度は極めて不謹慎で、陪審員や証人に激しく食って掛かった。そして、同様の狂乱の中で死んだ。彼女が処刑された同じ日の同じ時刻に、コネチカットで強烈な嵐があり、多くの木が薙ぎ倒された」[46]。

この事件は、ウィンスロップの『ジャーナル』に記録されている二例目の魔女処刑であるが、一例目の事実が疑わしいので、これがニューイングランド最初の魔女としての処刑であったとも考えられる。ジョン・ヘイルが一七〇二年に書いた〝魔法の本質に関する穏当な研究〟"A Modest Inquiry into the Nature of Witchcraft"という論文からもそう取れる[47]。しかし、一六四七年、アルス・ヤングという人がコネチカットで魔女として絞首刑になったという記録もある。これが前に述べたウィンザーの事件かも知れない。

魔女の裁判で証拠とされたのは、今からすれば極めて状況証拠的、迷信的であったわけであるが、当時は、これらがすべて悪魔の指示によってなされたことと信じられていたのである。この事件で有罪の根拠となった証拠は、五十年ほど後にジョン・コットンの孫コットン・マザーが書き残した『見えない世界の驚異』*The Wonders of the Invisible World* に収録されているセイレム裁判の記録と併せて、当時の魔女の概念を如実に物語っている。

もちろん、魔女裁判の本家はヨーロッパで、悪魔の触指、透視能力、恥部の乳首といったことはすべてヨーロッパで信じられていたのが持ち込まれたのである。魔女裁判は、ヨーロッパでは、カトリック、プロテスタントに係わりなく、地域によっては、十八世紀まで続いたが、ニューイングランドでは、各地で散発的に処刑が行われた後、一六九二年のセイレム裁判を機に終息した。

見て来たように、北アメリカ大陸における初期のイギリス人植民地は、決して秩序のある整然としたものではなかった。権力や路線をめぐる争いは日常的であり、一つの理念の下に統制のとれた国家を造ることが考えられる状況にはなかった。

イングランド本国で食いはぐれた人たちが多く流れ込んで来た植民地では、貧困による混乱や争いが少なくなかった。プリマスプランテーションは、借金で作られたために、入植者らは十数年もその返済に追われた。マサチューセッツ湾では、入植者の大多数を占めたノンフリーマンは、身分の上からも、経済的にも、少数のフリーマンに従属していた。若年労働者も多く運び込まれて来た。

しかし、アメリカ大陸は、この人たちに、まんべんなく、無限の可能性を与えたのである。ノンフリーマンはやがて実力を付け、経済的にもフリーマンと肩を並べ、あるいはこれを凌駕するようになった。植民地開始後二十年を過ぎた頃には、フリーマンとノンフリーマンの間の境界は消えつつあった。プリマスの貧民も、借金返済を終えた頃には、イングランドでは考えられなかった経済的、社会的自立を達成していた。

さらに、彼らには、マサチューセッツやプリマスが住み難くなれば、ロードアイランド、コネチカット、メインと、フロンティアは際限なく広がっていた。そして、西部が大きな手を開いて彼らを待ち受けていた。

彼らは、後にしたイングランドの身分制度——王、貴族、特権商人などの枠組みが、この地では通用しなくなっているのを知った。出生や門地は何の意味も持たなくなっていた。

アメリカ合衆国建国は、人類の歴史の中でも、興味ある実験であった。イングランドから英語とプロテスタンティズムを持ち込んで来て、それがアメリカ人の文化の核となった。プロテスタンティズムはアメリカで意外な展開を見せた。

プロテスタンティズムとは反抗精神のことである。初期の植民の指導者らは、一人ひとりが、一癖も二癖もある反抗、不寛容の権化のような人たちであった。彼らは争いの末、それぞれ自分の天地を求めてアメリカ各地へ散って行った。マサチューセッツ植民地の指導的立場の人で、最後まで留まった人よりも、これと決別して去って行った人が多かったのである。

ところが、植民地連合が結成される頃になると、面白い現象が見られるようになった。各地、各人の異なる考え方はそれとして、イギリス人としての大同で団結しようというのである。こうして、イングランドから完全に独立したアメリカ合衆国を作ったイギリス人は、プロテスタンティズムに根差した独自の文化——他人には干渉せず自分を守るという個人主義、民主主義、自由主義、そしてその上で全体に奉仕するという国家主義——を築き上げたのである。

広大な土地と資源を持ち、このような精神文化に裏打ちされたアメリカ合衆国は、次第に強大となり、世界の憧れの的となった。南北戦争を終え、工業化が進む頃になると、ヨーロッパ各地はもとよりアジアからも夥しい人たちが流れ込んで来た。黒人は十七世紀の入植開始当初から導入されていた。これらの移民は、それぞれ異なる独自の文化を持ち込んで来たように見えながら、実は、彼らは、イギリス人を源流とするアメリカ人の英語、プロテスタントの文化に奉仕し、呑み込まれ、同化して行ったのである。そして、表面的には、サラダボウルと形容される乱雑さを見せながら、実は、驚くほど調和と統一のとれた国家が現出したのである。

今や揺るぎない超大国となったアメリカ合衆国の原点を振り返ってみるのも無意味ではないと思う。

注

緒言

1　当時は、魔女の存在や、殺人者が死体に触れると血が蘇るなどが真実として信じられていた。

2　William Bradford, *History of Plymouth Plantation, 1606-1646*, William T. Davis, ed., Barnes & Noble, N. Y., 1964.（なお、Bradford, *History of Plymouth Plantation*, Massachusetts Historical Society, Little, Brown, Boston, 1856. および現代語訳 Samuel E. Morison, *Of Plymouth Plantation, 1620-1647*, Alfred A. Knopf, N. Y., 1994 を参照）

3　John Winthrop, *Journal, History of New England, 1630-1649*, James K. Hosmer, ed., Barnes & Noble, N. Y., 1966, Vol. I, II.（なお、Winthrop, *History of New England from 1630 to 1649*, notes by James Savage, Boston, 1853. Vol. I, II. (reprint Clearfield, Baltimore, 1996) 参照）

4　本書の付注については、次の点を考慮した。

①　例えば、ローマ法王の裁定による一五〇六年のスペインとポルトガルによる異教徒地域の分割線 Demarcation Line の設定や、新大陸の探険、占領、イングランド王室の動向など、一般に歴史的事実とされている事項については、原則として注を付けない。

②　人名については、原典のほか、当時の他の文献を参照した。*Dictionary of American Biography* に登載されている人名については、これにより確認したが、多少の異同があっても注は付けない。

③　地名については、名称の変更やローケイションは本文の中で指摘し、見返しに筆者が作製した地図を付した。

④　犯罪や刑罰に関する法制については、*The Colonial Laws of Massachusetts, 1660, with the supplements to 1672, containing also The Body of Liberties of 1641*, City Council of Boston, 1889, (reprint Rothman, Littleton, Col. 1995) を参照したが、事件はあくまで原典の記述によった。

第一章

1　Martin Gilbert, *Atlas of American History*, Dorset, Oxford, UK, 1985. 八ページ。

2　末尾の写真参照。一六〇六年ロンドンのもので NOVA BRITANNIA OFFERING MOST Excellent Fruites by Planting in VIRGINIA とある（最初の頃は、Virginia はニューイングランド地域も含めて考えられていた）。

3　Bradford　前掲書　五九ページ注。

4　George F. Willison, *Saints and Strangers*, Parnassus, Orleans, Mass., 1983. 四五四ページ。

5　同右。

6　Bradford　前掲書　四四―六ページ。

7　同右　一二一ページ。

8　同右　一五六ページ。

9　同右　三五〇ページ。

10　Winthrop　前掲書II　二六ページ。

11　Bradford　前掲書　二七ページ。

12　Winthrop　前掲書I　六三ページ。

13　同右　七九ページ。

14　同右　九七ページ。

15　同右　一〇二ページ。

16 同右　一二二ページ。
17 同右　一八〇ページ。
18 同右　二一五ページ。
19 同右　三〇二ページ。
20 同右II　三一四ページ。
21 同右　九八ページ。

第二章

1 Winthrop　前掲書II　六四ページ。
2 同右　六四―六ページ。
3 同右　一二〇―一ページ。
4 同右　一六四ページ。
牝豚事件は、ナサニエル・ホーソーンの『スカーレットレター』第七章「ガヴァナーの広間」で取り扱われている。
5 Winthrop　前掲書II　二三三―四ページ。
6 同右　二三五ページ。
7 同右　二三七―九ページ。
8 同右　二四〇―一ページ。

第三章

1 Nathaniel Hawthorne, *The Scarlet Letter*, Rinehart, N.Y., 1952. 九四ページ。
2 Winthrop　前掲書I　九一ページ。

3　同右　二六九―七〇ページ。
4　同右　九一―二ページ。
5　同右　一八六ページ。
6　同右　二七五―七ページ。
7　同右　二七四ページ。
8　同右　三二八―九ページ。
9　同右II　一二―四ページ。
10　同右　二八ページ。
11　同右　五七―八ページ。
12　同右I　五七ページ。
13　Bradford　前掲書　二九九ページ。
14　Winthrop　前掲書I　一一二―三ページ。
15　同右　一一六―七ページ。
16　同右　一一七ページ。
17　同右　一四二ページ。
18　同右II　五三―四ページ。
19　同右I　一〇五―七ページ。
20　同右　一〇七ページ。
21　同右　一一〇ページ。
22　同右　一一四ページ。
23　同右　一一六ページ。
24　同右　一二四―五ページ。

25 同右 一二五ページ注。
26 同右 一九五―六ページ。
27 同右 二四〇ページ。
28 同右 二六一ページ。
29 同右 二五九ページ。
30 同右 二八四ページ。
31 同右 二九九ページ。
32 同右 三一六ページ。
33 同右 三一七―八ページ。
34 同右II 二六〇―一ページ。
35 同右I 一一三―四ページ。
36 同右 一三三―四ページ。
37 同右 一八〇―一ページ。
38 同右 二八七―八ページ。
39 同右II 一〇〇―五ページ。
40 同右I 一〇〇ページ。
41 同右 一四三―四ページ。
42 同右 二一五ページ。
43 同右 二七〇ページ。
44 同右 二九九ページ。
45 同右 三三〇―一ページ。
46 同右II 四一ページ。

47 同右II　三六ページ。
48 同右　四六―七ページ。
49 同右I　一〇〇ページ。
50 同右　三三三ページ。
51 同右　三三三ページ。
52 同右II　八二―三ページ。
53 同右　一九ページ。
54 同右I　一六九―七〇ページ。
55 同右　二三四ページ。
56 同右　二六四ページ。
57 同右　二七四ページ。
58 同右　二九四ページ。
ホーソーンの『七破風の家』に、インディアンから購入した土地の権利証の記述があるが、その有効性は一概には論じられない。
59 Winthrop　前掲書II　一六五―六ページ。
60 同右　五三ページ。
61 同右　一二二―三ページ。
62 同右　一二三―四ページ。
63 同右　一二五―六ページ。
64 同右　一四〇―一ページ。
65 同右　一四九ページ。
66 同右　一五六―七ページ。

67 同右　一六〇ページ。
68 同右　二八一—三ページ。
69 同右　二八三ページ。
70 同右　二九〇ページ。
71 同右　二九〇ページ。
72 同右　二八二—三ページ。
73 同右　二九五ページ。
74 同右　三〇九—一五ページ。
75 同右　三四〇ページ。
76 同右I　一八四ページ。
77 Bradford　前掲書　一六六ページ。
78 同右　一六六—七ページ。
79 同右　一七九ページ。
80 同右　一八〇—一ページ。
81 同右　一八一ページ。
82 同右　一八二ページ。
83 同右　一八二—三ページ。
84 同右　一八五ページ。
85 山本周二「Plymouth　Plantation の世俗性について」久留米大学文学部紀要第五号（一九九四）、「Pilgrim Fathers とは何か」同第八号（一九九五）参照。
86 Winthrop　前掲書I　一八三—四ページ。
87 Winthrop　前掲書II　二七一ページ。

88 同右　二七一―二ページ。
89 同右　二九七―八ページ。
90 同右　二九九―三〇四ページ。
91 同右　三〇七―八ページ。
92 同右　三四〇ページ。

第四章

1 Bradford　前掲書　二七〇―一ページ。
2 Winthrop　前掲書I　二五ページ。
3 同右　二九―三〇ページ。
4 同右　三三ページ。
5 同右　三八ページ。
6 同右　四〇ページ。
7 同右　四二ページ。
8 同右　四四ページ。
9 同右　六四ページ。
10 同右　六七ページ。
11 同右　六七ページ。
12 同右　六八ページ。
13 同右　八九ページ。
14 同右　九〇ページ。
15 同右　一〇三―四ページ。

16 同右　五八ページ。
17 同右　一〇八ページ。
18 同右　一二〇ページ。
19 同右　一四七ページ。
20 同右　一五八ページ。
21 同右　一七五ページ。
22 同右　二三五―六ページ。
23 同右　二三六―八ページ。
24 同右　二六六―九ページ。
25 同右　二六二―三ページ。
26 同右　二七三―四ページ。
27 Bradford　前掲書　三四四―六ページ。
28 Winthrop　前掲書I　二八二―三ページ。
29 同右　三一〇―四ページ。
30 同右　三一九―二〇ページ。
31 同右　三三三ページ。
32 同右　三三二―三ページ。
33 同右II　九ページ。
34 同右　二〇ページ。
35 同右　三八ページ。
36 同右　九一ページ。
37 同右　一六一―二ページ。

38 同右　一六九―七〇ページ。
39 同右　一八七―九ページ。
40 同右　一九三ページ。
41 同右　一九六ページ。
42 同右　二一八―九ページ。
43 同右　二五七―八ページ。
44 同右　三一七―八ページ。
45 同右　三二三ページ。
46 同右　三四四―五ページ。
47 John Hale, "A Modest Inquiry into the Nature of Witchcraft", *Narratives of the Witchcraft Cases*, George L. Burr ed., Barnes & Noble, N.Y., 1959. 四〇八ページ。

ヘンリー八世による首長令反対者の虐殺
（絞首，腹の切り開き）（1535）
（*The Oxford Illustrated History of Britain* より）

イングランドの移民募集
のポスター（1606）
（*Federal Union* より）

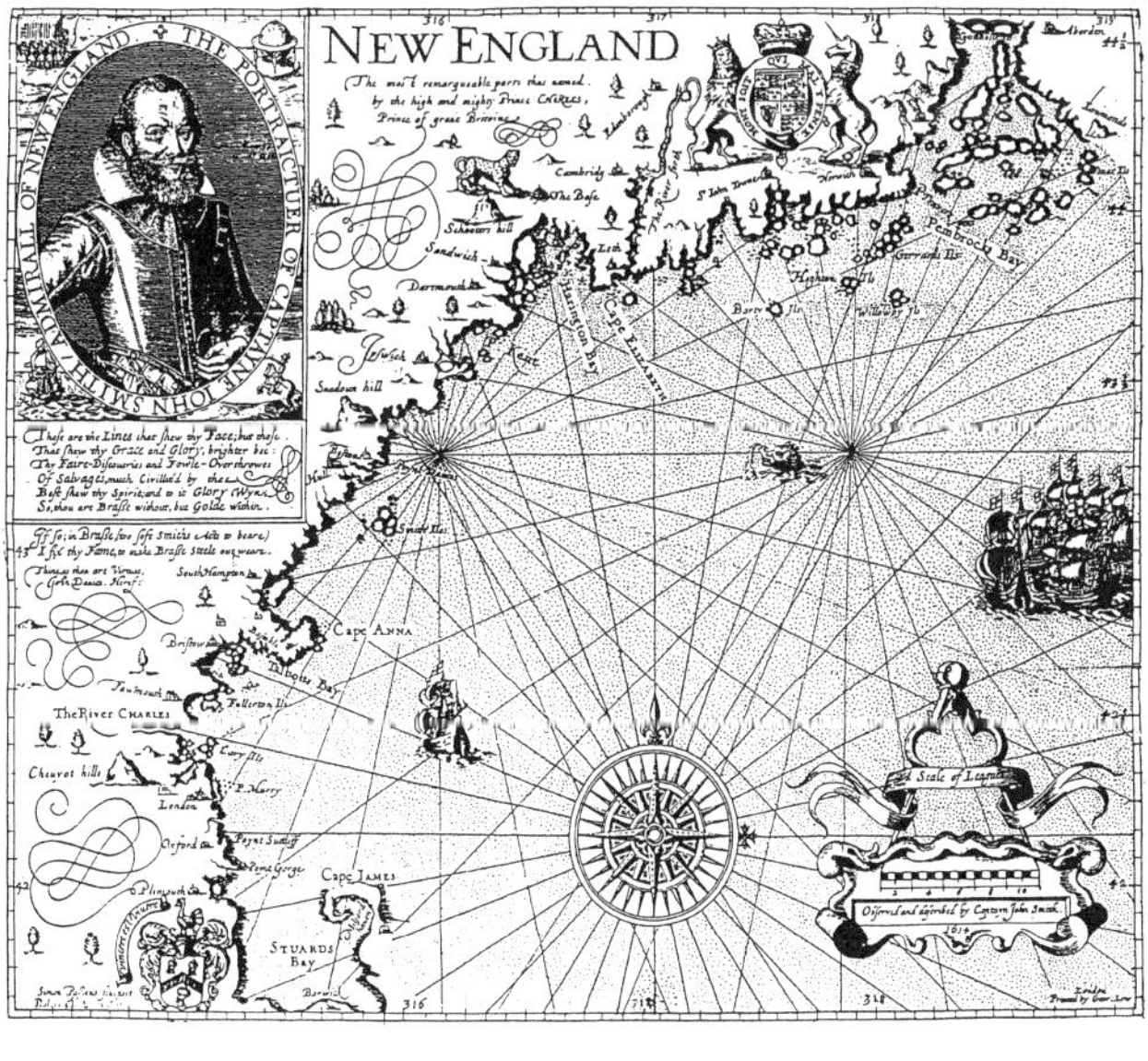

ジョン・スミスが *A Description of New England* に付した New England の地図（一六一四）

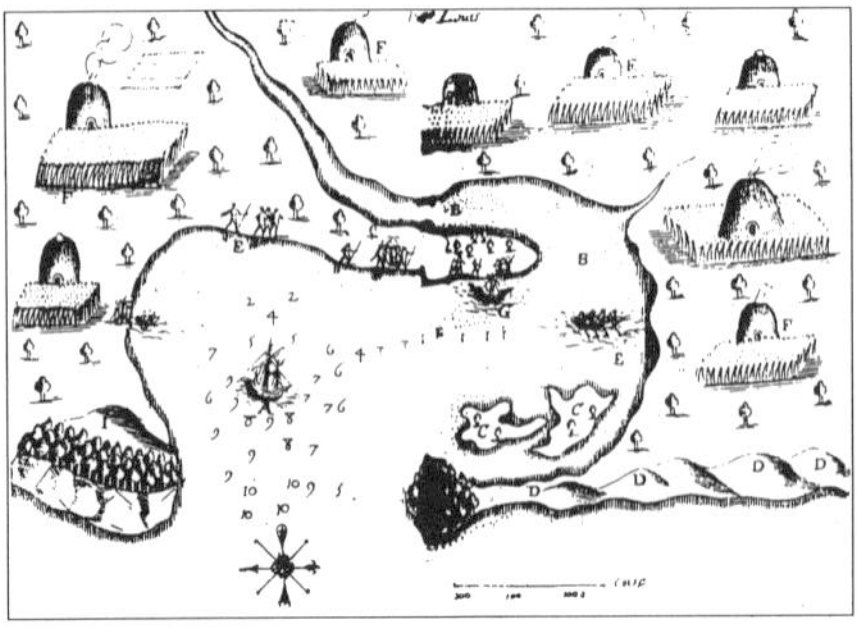

プリマスのインディアン集落。1600年頃
（*Mourt's Relation* より）

プリマス入植地（1621）
最初は妻帯者19家族の家を建て，独身者はそれに分住した。
（*The Pilgrim Story* より）

プリマス入植（1620－1）。*Mayflower*（1620年11月から翌年4月まで留った）を基地にして，家を建てた。（*The Pilgrim Story* より）

ニューイングランドのタウンのプラン
（*The Puritan Oligarchy* より）

1636年のマサチューセッツ湾の家屋の再現。右下にあるのは刑具で，pillory と stocks（右図）。（*Federal Union* より）

stocks

pillory

引用・参照書目

William Bradford, *History of Plymouth Plantation, 1606-1646,* William T.Davis, ed., Barnes & Noble, N.Y., 1964.

William Bradford, *History of Plymouth Plantation,* The Massachusetts Historical Society, Little, Brown, & Co., Boston, 1856.

William Bradford, *Of Plymouth Plantation, 1620-1647,* Samuel E. Morison, ed., Alfred A. Knopf, N.Y., 1994.

John Winthrop, *Journal, 1630-1649,* James K.Hosmer, ed., Barnes & Noble, N.Y., 1959, Vol. I , II.

John Winthrop, *The History of New England, 1630 to 1649,* with notes by James Savage, Boston, 1853, (reprint : Clearfield, Baltimore, 1996) Vol. I , II.

George F. Willison : *Saints and Strangers,* Parnassus Imprints, Orleans, Mass., 1983.

Dwight B. Heath, ed., *Mourt's Relation, 1622,* Applewood Books, Bedford, Mass., 1963.

George L. Burr, ed., *Narratives of the Witchcraft Cases, 1648-1706,* Barnes & Noble, N. Y., 1959.

Philip L. Barbour, ed., *The Complete Works of Captain John Smith (1580-1631),* The Institute of Early American History and Culture, Williamsburg, Va., 1986 Vols., I , II, III.

The Colonial Laws of Massachusetts, 1660, with the supplements to 1672, containing also The Body of Liberties of 1641, City Council of Boston, 1889, (reprint : Rothman, Littleton, Col., 1995).

Kenneth O. Morgan, ed., *The Oxford Illustrated History of Britain,* Oxford Univ. Press, N. Y., 1986.

Henry S. Burrage, ed., *Early English and French Voyages, 1534-1608,* Barnes & Noble, N. Y., 1967.

George Stimpson, *A Book about American History,* Harper, N. Y., 1950.

Thomas J. Wertenbaker, *The Puritan Oligarchy,* Charles Scribner's Sons, N. Y., 1947.

John H. Blunt, ed., *Dictionary of Sects, Heresies, Ecclesiastical Parties, and Schools of Religious Thought,* Rivingtons, London, 1874.

Martin Gilbert : *Atlas of American History,* Dorset Press, Oxford, 1985.

Marshall Smelser, *American Colonial and Revolutionary History,* Barnes & Noble, N. Y., 1950.

Earl Read, ed., *Religious Conflict in America,* Doubleday, N. Y., 1964.

John D. Hicks, *The Federal Union,* Riverside Press, Cambridge, Mass., 1952.

Patrick W. Montague-Smith, *The Royal Line of Succession,* Pitkin Pictorials, London, 1968.

Sculley Bradley, et al. ed., *The American Tradition in Literature,* Vol. I , W. W. Norton, N. Y., 1956.

Cotton Mather, *The Wonders of the Invisible World,* (to which is added) Increase Mather, *A Farther Account of the Tryals of the New-England Witches,* Amherst Press, Amherst, Wisc., 1862.

George McMichael, et al. ed., *Concise Anthology of American Literature,* Macmillan, N. Y., 1985.

ヒュー・カー編『カルヴィンキリスト教綱要抄』竹森満佐一訳、新教出版社、一九九七

マルティン・ルター『キリスト者の自由・聖書への序言』石原謙訳、岩波文庫、岩波書店、一九九〇

渡辺信夫『カルヴァン』清水書院、一九七〇

レオ・ヒューバン『アメリカ人民の歴史』小林良正・雪山慶正訳、上・下　岩波新書、岩波書店、一九七五
富田虎男『アメリカ・インディアンの歴史』雄山閣、一九八六
森島恒雄『魔女刈り』岩波新書、岩波書店、一九七三
ランダル・スチュアート『アメリカ文学とキリスト教』刈田元司訳、北星堂、一九五六
佐瀬順夫『ピルグリム・ファーザーズの足跡』松柏社、一九七八
桑田秀延他編『聖書事典』日本基督教団出版局、一九九二
金子晴勇『宗教改革の精神』中公新書、中央公論社、一九七七
世界史事典編集部編『世界史事典』平凡社、一九八三
前川貞次郎他編『世界史辞典』数研出版、一九七一
亀井高孝他編『標準世界史年表』吉川弘文館、一九六八
カラー世界史百科編集部編『カラー世界史百科』平凡社、一九七八
亀井高孝他『世界史地図』吉川弘文館、一九七二
村川堅太郎他『世界史地図』山川出版社、一九七五
国際地学協会編『世界地図貼』国際地図出版、一九八四
山折哲雄他『世界宗教大事典』平凡社、一九九一
M・ハルバーソン編『キリスト教神学辞典』野呂芳男訳、日本基督教団出版局、一九五八
このほかエンサイクロペディアの類、現地で収集した観光協会や商工会の案内書やパンフレット等を参考にした。

索　　引

ア　行

アスピンウォール，ウィリアム　William Aspinwall（人）　163
アーノルド，ベネディクト　Benedict Arnold（人）　169, 171
アラトン，アイザック　Isaac Allerton（人）　16, 33, 41, 193
アレクサンダー，ウィリアム　William Alexander（人）　24
アレン，ボゾーン　Bozoun Allen（人）　61, 62, 63, 67
アンダーヒル，ジョン　Capt. John Underhill（人）　84-97, 166
アンティノミアン騒動　antinomian controversy（事）　iv, 36, 44, 56, 87, 112, 119, 120, 138, 154, 155, 160, 168
アンドロス，エドマンド　Sir Edmund Andros（人）　27
イェイル，デイヴィッド　David Yale（人）　196
イーストン，ニコラス　Nicholas Easton（人）　140
イートン，ナサニエル　Nathaniel Eaton（人）　231, 232, 233, 234
ヴァサル，ウィリアム　William Vassall（人）　32, 194, 195, 196
ウィギン，トーマス　Capt. Thomas Wiggin（人）　217
ウィリアム三世　William III（人）　27
ウィリアムズ，ジョン　John Williams（人）　218
ウィリアムズ，ロージャー　Roger Williams（人）　25, 41, 85, 87, 98-106, 111, 127, 129, 131, 133, 140, 168, 193, 207, 225, 226, 228, 229
ウィルソン，ジョン　Rev. John Wilson（人）　79, 109, 110, 153, 161, 230
ウィンスロー，エドワード　Edward Winslow（人）　40, 181, 183
ウィレット，トーマス　Thomas Willet（人）　236
ウィンスロップ，ヘンリー　Henry Winthrop　33
ヴェスプューチ，アメリーゴ　Amerigo Vespucci（人）（Americus Vespucius）　21
ヴェラツァーノ，ジオヴァニ　Giovanni Verrazano（人）　22
ヴェイン，ヘンリー　Sir Henry Vane（人）　9, 43, 44, 105, 126, 129, 130, 137, 152-159, 161, 162, 163, 182

ウォーウィック伯爵　Earl of Warwick（人）　179, 182, 183
ウンカス　Uncas（人）　173
エドワード六世　Edward Ⅵ　6, 7, 9
エミズ　Emes（人）　61, 62, 63, 67
エリザベス一世　Elizabeth Ⅰ　6, 7, 22
エンディコット，ジョン　John Endicott（人）　28, 29, 33, 39, 43, 44, 47, 48, 49, 63, 84, 86
オールダム，ジョン　John Oldham（人）　85, 86, 104, 185-193, 208

カ　行

カボット，ジョン　John Cabot（人）　21
ガード，ロージャー　Roger Garde（人）　245
カルヴィン　John Calvin（人）　7, 10
カルティエ，ジャック　Jacques Cartier（人）　22
キャサリン　Catherine（人）　6
ギャロップ，ジョン　John Gallop（人）　191, 192, 193
クック，ジョン　John Cook（人）　7
クラドック，マシュー　Matthew Cradock（人）　29, 32, 33, 213
クランマー，トーマス　Thomas Cranmar（人）　6, 9
クロス，ダニエル　Daniel Crose（人）　226
クロムウェル，オリヴァー　Oliver Cromwell（人）　8, 9, 25, 150, 153, 159, 167, 183, 194
クロムウェル，リチャード　Richard Cromwell（人）　8
ケイサー，トーマス　Thomas Keyser（人）　235
ケイン，ロバート　Capt. Robert Cane (Keayne)（人）　55, 56, 57, 117, 119
コギスホル，ジョン　John Coggeshall（人）　163
ゴージス，ファーディナンド　Sir Ferdinando Gorges（人）　ii, 23, 24, 91, 95, 165
コットン，ジョン　John Cotton（人）　19, 57, 73, 77, 79, 89, 98, 107-121, 122, 126, 127, 128, 129, 136, 153, 155, 156, 160, 161, 175, 222, 224, 251
コディントン，ウィリアム　William Coddington（人）　40, 44, 105, 135-141, 168
ゴートン，サムエル　Samuel Gorton（人）　53, 168-184, 173, 194
コーニッシュ　Cornish（人）　245

コーリー，ガイルス　Giles Coley（人）　230
コール，ロバート　Robert Cole（人）　217
コロンブス　Columbus（人）　3, 21

サ　行

サコノノコ　Sacononoco（人）　169, 172, 176, 177
シアズ　Sears（人）　249
シェパード，トーマス　Rev. Thomas Shepard（人）　231, 232
ジャクソン，トーマス　Thomas Jackson（人）　226
シャーマン　Sherman（人）　55, 56, 57
シューウェル，ナサニエル　Nathaniel Sewall（人）　240
ジョイ，トーマス　Thomas Joy（人）　302
植民地連合　The United Colonies (of New England)（事）　iv, 82, 104, 128, 129, 130, 131, 132, 133, 173, 181, 254
ショリー，メリー　Mary Sholy（人）　219
ジョーンズ，マーガレット　Margaret Jones（人）　250
ジョンソン，アイザック　Issac Johnson（人）　33
ジョンソン，アーベラ　Arbella Johnson（人）　33
ジョンソン，エドワード　Edward Johnson（人）　245
スクーラー，ウィリアム　William Schooler（人）　219
スチュアート，メリー　Mary Stuart　7
スティニングス，リチャード　Richard Stinnings　226
ストイフェサント　Gov. Peter Stuyvesant（人）　97
ストーン，ジョン　Capt. John Stone（人）　86, 216, 217
ストーン牧師　Rev. Samuel Stone　107, 108
スミス，ジョン　Capt. John Smith（人）　23, 30
スミス，ジョン　John Smith　196, 199, 200, 202
セイ，ブルック　Say, Brook（人）　217
ゼイムズ医師　Dr. Thomas James（人）　226, 228
ゼイムズ一世　James I　ii, 9, 22, 24, 101
ゼイムズ二世　James II　26, 27
ゼイムズ六世　James VI　7
ゼイムズ酋長　Sagamore James（人）　214, 215
ソールトンストール，リチャード　Richard Saltonstall（人）　199

タ　行

ダイア，ウィリアム　William Dyer（人）　221
ダイア，メリー　Mary Dyer（人）　221, 223, 224
ダヴェンポート少尉　Ensign Richard Davenport（人）　86
ダドリー，トーマス　Thomas Dudley（人）　32, 40, 42, 44, 45, 47, 48, 49, 68, 79-83, 122, 123, 129, 135
ターナー，ナサニエル　Nathaniel Turner（人）　86
ダマー，リチャード　Richard Dummer（人）　46, 137
タルビー，ドロシー　Dorothy Talby（人）　230
ダンド，ジョン　John Dand（人）　196, 199, 200, 202
チカタボット　Chief Chickatabot（人）　214
チャイルド医師　Dr. Robert Child（人）　144, 194-203
ディッカーソン　Dickerson（人）　235

ナ　行

ニューポート，クリストーファー　Christopher Newport（人）　23
ノッティンガム伯爵　Earl of Nottingham（人）　179
ノリス，ハンサード　Rev. Hanserd Knollys（人）　92, 95, 96
ノリス牧師　Rev. Edward Norris（人）　48

ハ　行

バークロフト　Barcroft（人）　216
パーシー，マーマデューク　Marmaduke Percy（人）　234
ハッチンソン，アン　Anne Hutchinson（人）　36, 44, 55, 78, 87, 91, 96, 112, 113, 114, 115, 127, 137, 138, 139, 155, 156, 157, 158, 160, 164, 207, 221, 222, 223, 224
ハッチンソン，ウィリアム　William Hutchinson（人）　138, 139
バーデット，ジョージ　Rev. George Burdet（人）　93
パートリッジ　Capt. Partridge（人）　119, 120
バートン，トーマス　Thomas Burton（人）　196
ハバート，ジョシュア　Joshua Hubbert (Hobart)（人）　62, 63, 67, 73
ハンフリー，ジョン　John Humfrey（人）　28, 32, 40, 79, 145-151
ピアス　Peirce（人）　108
ピーター，ヒュー　Rev. Hugh Peter（人）　153, 161, 230
ピーチ，アーサー　Arthur Peach（人）　226, 227

ヒビンズ，アン　Ann Hibbins　77
ビリントン，ジョン　John Billington（人）　188, 208, 209, 229
ファウル，トーマス　Thomas Fowle（人）　196
フィリップス　John Philips（人）　148
フェリペ　Philip　6
フッカー，トーマス　Thomas　Hooker（人）　19, 98, 107, 108, 111, 122-128, 129, 130, 153
フットマン　Footman（人）　245
プムハム　Pumham (Chief)（人）　169, 172, 176, 177
ブラウン，ジョン，サムエル　John, Samuel Brown（人）　29
ブラックウェル，フランシス　Francis Blackwell（人）　13
ブラッドストリート　Simon Bradstreet（人）　199
フランクリン　Franklin（人）　240
ブリスコー　Briscoe（人）　231, 232, 233
ブリスコー　Briscoe（人）　237, 238
ブリトン，ゼイムズ　James Britton（人）　238, 239
ブーリン，アン　Anne Boleyn（人）　6
ブルースター，ジョナサン　Jonathan Brewster（人）　17
プレイストウ，ジョシアス　Josias Plaistowe（人）　214
ベイカー　Baker（人）　236
ヘイル，ジョン　John Hale（人）　251
ヘインズ，ジョン　John Haynes（人）　43, 44, 108, 123, 126, 129-134, 142
ベリンガム，リチャード　Richard Bellingham（人）　43, 47, 77, 129, 142-144, 153, 199, 200
ペルハム，ハーバート　Herbert Pelham（人）　48
ヘンリー七世　Henry Ⅶ（人）　5, 21
ヘンリー八世　Henry Ⅷ（人）　5, 9
ホイールライト，ジョン　Rev. John Wheelright（人）　36, 44, 56, 87, 88, 91, 112, 137, 138, 156, 158, 160-167
ホーキンズ　Hawkins（人）　221
ポップハム，ジョージ　George Popham（人）　23
ホディ，ジョン　John Hoddy（人）　218, 219
ホフ　Hoffe (Hough)（人）　108
ホプキンズ　Hopkins（人）　214

ボーン　Bourne（人）　248

マ　行

マヴァリック，サムエル　Samuel Maverick（人）　196, 199
マーティン，メリー　Mary Martin（人）　248
マザー，インクリース　Increase Mather（人）　27
マザー，コットン　Cotton Mather（人）　27, 107, 251
マザー，リチャード　Richard Mather（人）　107
ミアントノモー　Miantonomoh (Chief)（人）　169, 170, 173
ミトン　Mitton（人）　248
ムーディ，メリー　Mary Moodye（人）　215
メイソン，ジョン　John Mason（人）　24, 91, 95, 153, 165
メリー一世　Mary I（人）　6
メリー二世　Mary II（人）　27
モア，トーマス　Thomas More（人）　9
モートン，トーマス　Thomas Morton（人）　213, 244

ヤ　行

ヤング，アルス　Alse Young（人）　251

ラ　行

ライフォード，ジョン　John Lyford（人）　186, 187, 189, 190
ラザム，メリー　Mary Latham（人）　238
ラトクリフ，フィリップ　Philip Ratcliffe（人）　213
ラドロー，ロージャー　Roger Ludlow（人）　42, 43
リン，ヘンリー　Henry Lynn（人）　213
ルター　Martin Luther（人）　6, 10
ローリー，ウォールター　Sir Walter Raleigh（人）　9, 22

著者略歴

山本周二（やまもと・しゅうじ）

大正13年（1924）長崎県生まれ

日本帝国陸軍，旧制専門学校を経て，南オレゴン大学・同大学院卒業，アメリカ文学・キリスト教文化を研究

久留米大学名誉教授（アメリカ文学・比較文化）

元南オレゴン大学客員教授（比較文学・比較文化論）

著書『日米比較文学を語る』（金星堂）

『神仏の文化論』（リーベル出版）

教科書編注『アメリカ史を探る』ほか6点

論文「Mount Auburn Cemetery and Writers」

「Pilgrim Fathers とは何か」ほか多数

その他辞書・事典執筆　協力

ピューリタン神権政治《しんけんせいじ》

——初期のアメリカ植民地の実像——

2002年3月20日　初版発行

著　者　山　本　周　二

発行者　福　留　久　大

発行所　（財）九州大学出版会

〒812-0053　福岡市東区箱崎7-1-146
九州大学構内

電話　092-641-0515（直通）

振替　01710-6-3677

印刷・九州電算㈱／製本・篠原製本㈱

ISBN4-87378-722-X

メイン　Maine

ウェルズ	Wells
ポートランド	Portland
ヨーク	York
ケネベック川	Kennebec Rv.
ピスカタクワ川	Piscataqua Rv.
パスカタクワック	Pascataquack
カスコ湾	Casco Bay

ニューハンプシャ　New Hampshire

ウィニコウェット	Winicowett
エクセター	Exeter
ドーヴァー	Dover
ハンプトン	Hampton
スワムスコット	Swamscot
アコメンティクス	Acomenticus
ショール島	Isls of Shoals

プリマス　Plymouth

ケープコッド	Cape Cod
シチュエート	Scituate
シーコンク	Seekonk
トーントン	Taunton
プリマス	Plymouth
マーザスヴィンヤード諸島	Martha's Vineyard Isle
ナンタケット島	Nantucket Is.

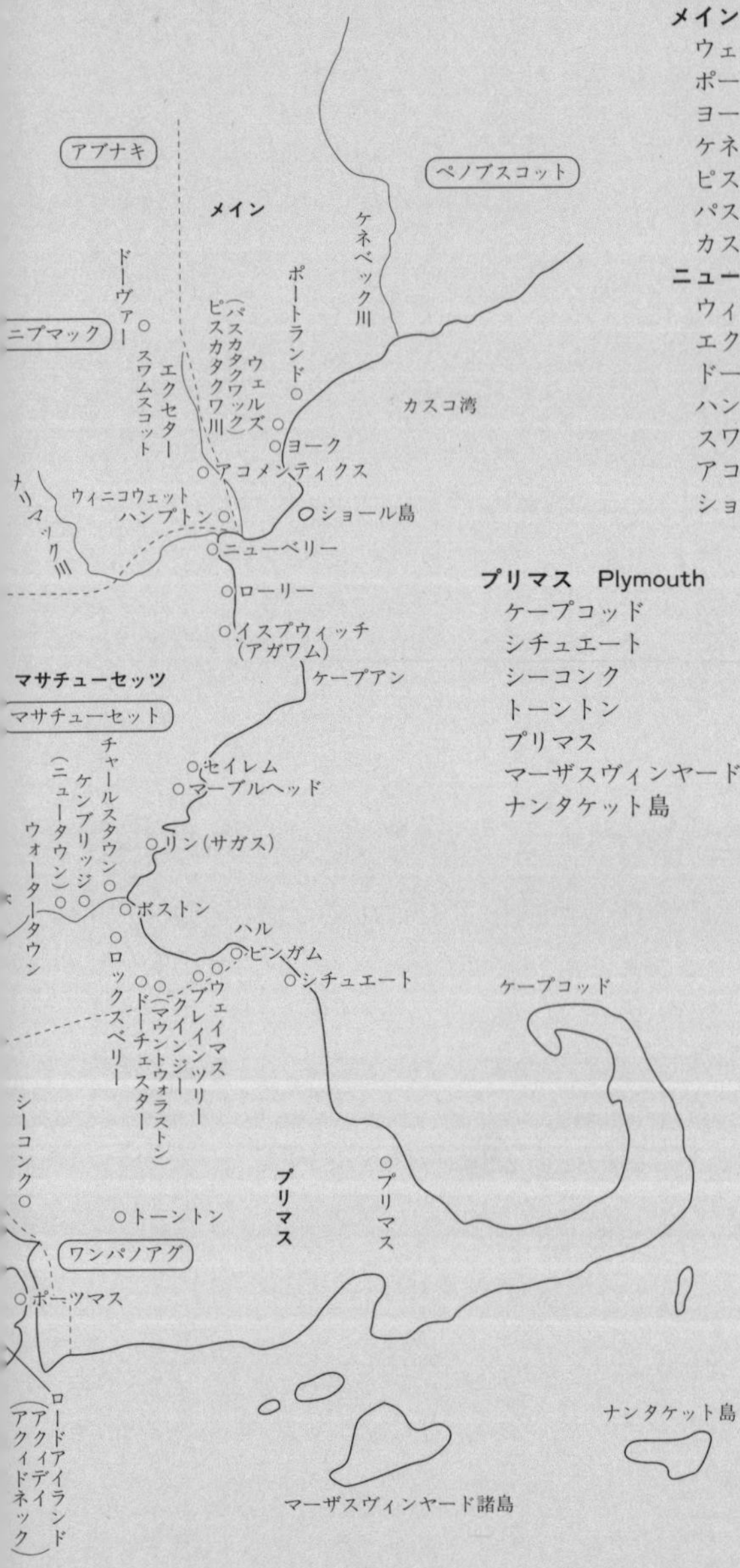